U0937339

这样写文案，就没有卖不动的产品

28天高手特训法

秦　剑　刘安丽◎著

天津出版传媒集团
天津人民出版社

图书在版编目（CIP）数据

这样写文案，就没有卖不动的产品：28 天高手特训法/ 秦剑，刘安丽著．—天津：天津人民出版社，2019.11
ISBN 978－7－201－15279－0

Ⅰ.①这… Ⅱ.①秦…②刘… Ⅲ.①广告文案－写作 Ⅳ.①F713.812

中国版本图书馆 CIP 数据核字（2019）第 203807 号

这样写文案，就没有卖不动的产品：28 天高手特训法
ZHEYANG XIEWENAN JIUMEIYOU MAIBUDONG DE CHANPIN：28TIAN GAOSHOU TEXUNFA
秦剑　刘安丽　著

出　　版　天津人民出版社
出 版 人　刘　庆
地　　址　天津市和平区西康路 35 号康岳大厦
邮政编码　300051
邮购电话　（022）23332469
网　　址　http://www.tjrmcbs.com
电子邮箱　reader@tjrmcbs.com

责任编辑　刘子伯
策划编辑　马　优
装帧设计　仙　境

印　　刷　河北宝昌佳彩印刷有限公司
经　　销　新华书店
开　　本　710×1000 毫米　1/16
印　　张　16.25
字　　数　225 千字
版次印次　2019 年 11 月第 1 版　2019 年 11 月第 1 次印刷
定　　价　88.00 元

我热爱写作，曾经的文科学霸，中学时代即以一篇穿越式科幻作文获政府环保征文优秀奖。大学时代开始习商，历经 IT 互联网、国际传媒等领域；2013 年与安丽女士（本书的第二作者，也是我的夫人，从著名酒企“销冠级”金牌职业经理人到全国市场操盘手）联袂创立“正略智囊云”创意联合体并出任首席创意官；2016 年涉足传统文化绝学自媒体创作；现担任中国某百强地产集团创意总监。

历经 18 年的实战打磨，已为数百家企业提供品牌策划与营销咨询服务，我们自认为找到了一条文案出位、出彩、出凡的密道，也很乐于将之与众分享。本书集干货、重实战、塑系统，结合即兴创作为您一一答疑解惑。

本书有四大板块：一是百炼成金的商业策略集与文案工具包，为文案创作找准立足之本；二是点石成金的品牌创意十二剑，全程剖析“自己会说话的好品牌”是怎样智造出来的；三是披沙拣金的商业文案实战攻略，纵横策略、融汇方法、突破思维，提高文案创作实效性；四是传统文化篇将分享如何打通中华传统智略绝学与现代商业文案的“任督二脉”。

著此书，旨在为如下三类朋友的工作事业提供助益：

第一类是从事策划或文案职业、希望技能快速进阶的朋友。目前，市场上文案类读本以案例集居多，文案老手或可依葫芦画瓢进行二次创作，但对于普通文案，可能更需要解构优秀品牌和出彩文案背后的逻辑，让灵感迸发，从时灵时不灵的“六脉神剑”变成“智慧工厂”般的工序管理与稳定出品。

第二类是为数众多的中小创业者和小微企业主。很多创业者不论是在项目调研定位、撰写商业计划书阶段，还是在新品上市、整合推广阶段，都有策划和文案的需求，但限于预算未必能够聘请专业团队，往往选择自己动手。然而，术业有专攻，缺乏系统性的文案创作力，可能会导致效率不高或效果打折。我们也希望为他们提供一本关于微策划、小文案的“类工具书”读本，参考本书的方法、结合已有的行业经验按图索骥，相信同样能写出品牌力和销售力俱备的精彩文案。

第三类是电商、微商、自媒体营销人。个人社交化媒体的兴起，以及电子商务配套体系逐渐走向成熟，更多人实现低成本、零门槛创业，同时也为个人才华变现提供了新通路。海量创业大军中很多人可能并非科班出身，可再补充一些必要的营销策略与文案技能，力争从创业红海中打造出产品或个人品牌的差异化。

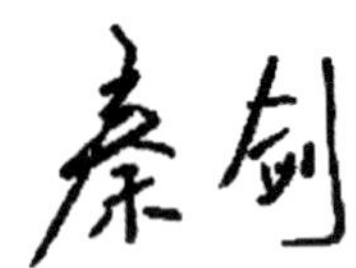

28 天阅读建议

为了便于读者结合自身阅读习惯逐步进阶，也为了有利于文案人参照实际工作场景拿来即用或借鉴创作，根据进阶步骤和章节的难易程度，我们特整理阅读节奏建议表供读者参考。

阅读节奏建议表

习读时段	篇章	内容摘要	学习目的
第 1 天	导读	成书初衷；阅读建议	给自己定个小目标：分解阅读任务、明晰进阶步骤
第 2 ~ 5 天	第一章商业文案策略	5 种不同的竞争策略，市场营销的顶层设计	打通品牌定位、商业策略和创作技法之间的经脉
第 6 ~ 8 天	第二章文案创作工具模型	文案创作生态、洞察原点；各类型文案工具包	提高文案创作的打动力、逻辑思维能力和体系化
第 9 ~ 12 天	第三章品牌创意十二剑	品牌创意的 12 个技法	解决品牌命名缺乏章法、创意灵感不足的问题
第 13 ~ 16 天	第四章品牌创意商业应用	不同行业品牌创意攻略，解析各类地产案名	掌握商号、餐饮、地产等品牌核心创意，触类旁通
第 17 ~ 20 天	第五章广告文案创作实战技法	对外：推广商业文案的实战技法与案例解析	实现多种广告场景下推广文案创作技能进阶
第 21 ~ 22 天	第六章企业文案创作实战攻略	对内：企业文化及公文实战技法与案例解析	领导点将随时战；同事面前露一手，助力职场进阶
第 23 ~ 24 天	第七章精彩案例赏析	他山之石：爆品型文案赏析、深度解析其背后的内容逻辑	理论结合实战，向行业优秀前辈学习，学以致用

续表

习读时段	篇章	内容摘要	学习目的
第25～27天	第八章传统文化智略	中国传统文化绝学、各体裁文学作品和现代商业文案的共通之处	夯实文化功底，为驾驭多主题、多题材文案做准备
第28天	第九章文案写作的未来 后记	字开脑洞：文案人如何跑在时代的前面、如何以字悟道	为大脑破框、人生破局；笑对未来的不确定；感恩当下拥有的一切

为帮助读者对本书的理解与运用能够达到“基于文案层面且超越文案层面，重塑思维方式”的境界，给读者提几点阅读小建议：

（1）10000小时定律对大部分职业都有效，文案也不例外。写文案需要一点点天赋，但更需要时间的堆砌和打磨：海量非专业领域的阅读、无处不在的人性洞察和策略思考、大量的实战磨炼与客群反馈检验等。没有和自己死磕到底的精神，在任何领域要做到出类拔萃都很难。只有出品明显高于客户（外部客户或内部客户）的标准，我们才能拥有游刃于行业的本钱。

（2）除了时间的积累，具备“升维”思维很重要。就文案人来说，懂得顶层谋划、研透各招各式、善用古今智略，就具备了对普通文案的“高维”优势，当然还有更“高维”的文案创作境界。这就是我们在第八章用了相当篇幅来阐述传统文化的用意所在。

（3）吃透本书各个章节，以篇章的导读为学习思路，先粗读、后精读，复杂或适用的章节可反复阅读，多结合身边的实际营销场景进行揣摩、嫁接、运用，将理论与实战相结合，融会贯通，形成自己的创作体系。相信本书的体系化、策略化、工具化及实战性，将为你的文案创作给予某种程度的赋能。

欢迎有兴趣的读者添加微信号Q-Anier或iwenango（本书后记附微信二维码），申请加入读者群或文案共创群，后续我们将继续通过实战案例分享、教学小视频等多媒体形式对纸质书籍予以补充，让大家的学习过程更富有趣味性与互动性。

目录

第一部分 

文案基础篇

第一章　商业文案策略

导读：以策略为文案导航

策略与文案的关系，类似于瞄准镜和狙击步枪的关系。狙击手如何选择于己有利的地形？如何在击伤敌人（挤压竞品）的同时保护自己？如何在复杂、危险的环境下转换战场？如何将这些思路应用到商业文案？创作文案如何有的放矢？提炼话术如何直指人心？如何以果为始让文案人拥有如同“狙击之王”般的超级自信……这些都和文案策略甚至品牌战略有关。关于文案策略，从简单到复杂、从有序到无序，我们总结（或自定义）了如下五大策略：

（1）独特的销售主张（USP）卖点提炼——选择什么样的独特卖点展开销售。USP 策略是品牌创意的着力点之一，将产品独特卖点聚焦为词组，将词组提炼为商标或商号，它们就具备了成为品牌的先决条件；USP 也是商业文案核心主题创作的重要来源。

（2）黄金三角定位——通过核心 USP，定位我们能解决哪一类用户群什么核心问题；再反向定位我是谁、我是什么样的。黄金三角定位策略可以让我们找准目标客群的“心智关键点”，具备品类占位能力、拥有消费者心智突围能力的品牌命名大多来源于“心智关键点”。

（3）阴阳对位横向切割——自定义更有利于竞争格局。阴阳对位横向切割策略，属于更高维度的重新定义市场格局与竞争对手，从

“身份”层面将产品立于不败之地，以此为抓手，撰写的商业文案更具销售力。

（4）时间轴模糊策略——解决什么时候该说什么的问题。时间轴模糊策略已经超越了文案层面，是很多创新性、创造力工作取得重大突破的“秘技”。它将放飞现实物理世界对灵感的束缚，把我们想要的任意时空点秒变为创作主场，似神犹仙，绝非玄幻。

（5）“超限战”策略——目的非常明确的、以结果为导向的谋划策略。“超限战”策略不仅仅局限于品牌创意、文案创作领域，还能精准有效地突破常规解决方案，打破固有的成规定式，战法不限。

接下来详细解析这五大策略，开启我们的文案进阶之旅。

第一节　卖点出位，文案上位：USP提炼术

USP是“独特的销售主张”（Unique Selling Proposition，简称USP）。20世纪50年代初由美国人罗瑟·里夫斯（Rosser Reeves）提出，直到今天也没有过时。

一、USP就是“找不同”，和竞争对手形成差异化的主张、诉求

需要强调的是，“找不同”并不完全等同于找“优点”“利益点”，只要是能够形成清晰的记忆点，哪怕是缺点，也可以成为创意活动的支点。

1. 他山之石

很多70后、80后对歌手阿牛（陈庆祥）都很熟悉。娱乐圈从不缺“好面孔”，缺的是有“辨识度”无法被模仿的脸。曾经的爆款金曲《对面的女孩看过来》《桃花朵朵开》都是他的神作，但很多粉丝尤其

是小女生记住阿牛并不是因为他的声音多有质感，抑或他的歌有多好听，更别提他那“无招胜有招”的舞蹈动作，而是那一口略显不整齐的小虎牙，配合着那秀气的娃娃脸及小巧灵活的身材，显得格外可爱。然而，外形上的这一特点一直是阿牛的心病，后来他花重金进行矫牙整形。但整形后的阿牛人气不升反降，这是为何？很多“牛粉”认为，阿牛修正了外貌上的小瑕疵，却让小女生心中那个永远长不大的大男孩形象崩塌，外形特点沦为平庸。也许时间还可以再造一个新阿牛，期待阿牛牛气归来！

2. 策划培训的素材：我家啤酒瓶洗四遍

克劳德·霍普金斯是著名的广告前辈大师，他为喜立滋啤酒广告制定了如下策略：

在写广告之前，他亲临作坊，观看酿酒全过程。他看到装满了白木浆的巨大过滤器，工人们演示了怎样清洗水泵和管道，以及如何用机器把所有的瓶子清洗四遍。霍普金斯还了解到生产啤酒所用的水是特地从4000 英尺深的地下抽上来的。

带着一脸惊奇的霍普金斯回到办公室和喜立滋啤酒的负责人谈整个有趣的生产过程。他说：“为什么你们不和大家说说这些事儿？为什么你们只是比赛谁喊啤酒‘纯净’的嗓门高？为什么你们不说酿造啤酒的这些程序？”

喜立滋啤酒的负责人解释道：“这些程序和别人酿造啤酒的程序相比，没有出奇的地方。”霍普金斯却不这样想，他说：“可是别人谁也没讲过这个故事，谁参观过你们的酿酒工艺都会感到惊奇，把它印出来肯定会让所有人产生兴趣的。”

几个月后，喜立滋啤酒的销量一下子从第五位上升到第一位。绝不是只有喜立滋啤酒瓶经过所谓蒸汽消毒、四次洗瓶，其实许多酿酒公司也是这么干的。但因为霍普金斯第一个将它说了出来，所以为喜立滋啤酒赢得了众多忠实的粉丝。

二、两种差异化诉求策略

如果有一个产品卖点，你认为是消费者大脑中的黄金心智、兵家必争之地，但发现这个卖点与竞争对手“撞车”的时候，也可运用下面两种策略进行差异化诉求。

（1）采用跟随式策略，即竞争对手说了这个卖点，我们可以换个方式或角度说。

例如：怕上火喝王老吉！

跟随式策略诉求：喝黄小吉，上火那都不叫事！

（2）用概念或数字强化升级我方卖点，数字可以是确数，也可以是概数。

例 1：驾驶的乐趣——宝马汽车！

升级式策略诉求：驾驶 5 分钟，抵得上 1000 个著名广告——猎豹牌汽车！

例 2：享受 2 小时，印象 30 春，传颂 400 载，风流 5000 年——黄鹤楼酒家！

这个金句是用一组数字递进式地说明酒楼的历史传承。（出自《广告语中的数字美》）

运用小贴士：

在 USP 策略实际应用中，我们一般是做一个列表（见图 1－1），写明产品或公司的优点和特点，然后与最主要的竞争对手对标，选择明显优于竞争对手的卖点，或者我有人无的特点，作为商业文案创作的核心主题并进行延展应用。如果竞争对手已经诉求了这个“点”并形成了较为广泛、牢固的用户认知，我们可以用上述两种策略避其锋芒。另外，竞争对手未广泛宣传的、习以为常的行业标准及惯例也可列为 USP 点。

运用 USP 提炼术先找准“诉求点”，整体营销推广与文案铺陈就有

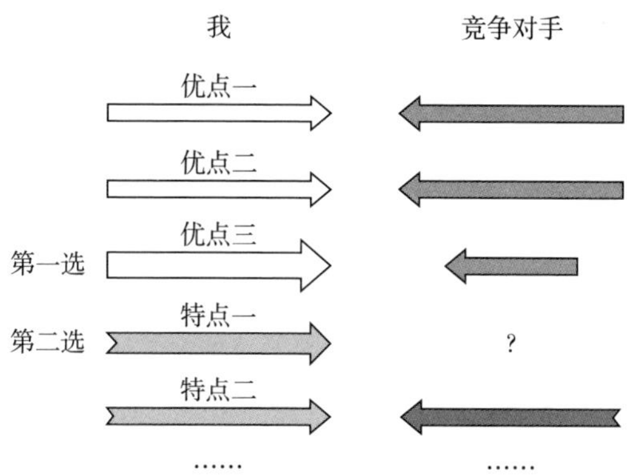

图 1－1　USP 策略应用列表

了抓手，避免想哪儿说哪儿，打出缺乏章法或四处出击的“王八拳”。

第二节　新定位之“黄金三角”

自艾·里斯与杰克·特劳特的定位理论问世以来，“做品类第一或唯一”的定位理念在 21 世纪中国品牌理论界曾领风骚十数年。在互联网＋自媒体重塑消费者话语权的背景下，定位理论是否依然有效，在营销界曾引发广泛讨论。

我们的观点是：传统定位理论是顺向逻辑，是企业主导营销话语权自上而下的产物；当今品牌塑造的新生态正在从顺向逻辑向逆向逻辑演进。比如有些网红型产品，发轫于萍末，依靠其强大的产品力或口碑效应，迅速聚集一批忠实的粉丝，进而向活跃粉丝、跟随粉丝传导，以形成事实上的“草根品牌”或“网红品牌”。“造牌行动”正在成为真正的人民运动，自下而上一浪高过一浪。

定位理论如何与时俱进？我们认为，企业要放低身段、与民同乐，不要停留在自嗨式的呓语，类似“行业领导者、倡导者，卖的产品可以绕地球 N 圈……”同样是做奶茶领导者，后定位营销时代的语境可以是：“为下一代，率先向反式脂肪开炮！”直指消费者的物质利益、情感利益，或与消费者形成精神共鸣。这比某些“王婆卖瓜，自卖自夸”式的“品类第一”定位诉求，更能牵动消费者的神经。行业真正的领导者更要考虑的是：拿出行业领导者的业界担当，以消费者利益为出发点，做到知行合一。

言归正传，下面我们用一个模型来表达第二大文案创作策略——黄金三角定位。

一、黄金三角定位模型

上一节讲述的 USP 理论主要考虑两个维度：我和竞争对手。USP 理论基于竞争思维，提炼出相对于竞争对手而言，我的比较优势是什么。

本节的黄金三角定位理论主要考虑三个维度：我、竞争对手、用户需求（消费者心理）。该定位理论主要基于用户思维，核心在于通过对消费者心智的洞察，定位我是谁、我是什么样的（注：消费者心智洞察的内容具体参考第二章第二节）。

我们曾在《销售与市场》管理版撰文《饮料产品如何找准卖点》，发表过一个升级版的黄金三角定位模型（见图 1-2），可以作为产品/品牌定位的参考。

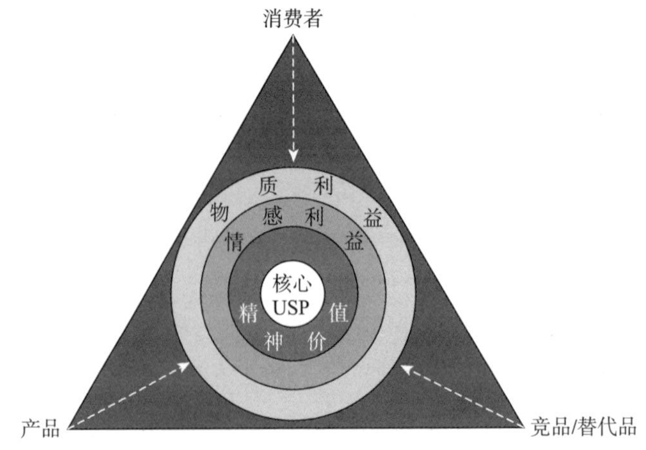

图 1-2　黄金三角定位模型

1. 模型解读

（1）找出我的优势、亮点，与竞品/替代品的优势 PK 之后，剩下我的 N 个优势或卖点里，**选择一个最能够与目标消费者心智相对接的卖点**，这个点就是我们的核心卖点（核心 USP）。

（2）**对于竞品的分析，一定要考虑可替代品**。在无界营销时代，很多成熟行业往往被行业外的创新者、搅局者革了命。例如：高像素拍照手机的普及让数码相机销量大幅下滑。同样，人工智能将对驾驶员、翻译员、理财师等职业产生冲击。应对策略之一：重新定义市场与竞争对手，横向位移到一个新的市场。下一节将系统性地讲述借助阴阳对位横向切割法，自定义竞争格局与游戏规则，破局红海市场。

（2）我（产品）之长、敌（竞品/替代品）之短、客（消费者）之需，三者结合后得出：**我们能解决哪一类用户群什么核心问题，再反向推导我是谁、我是什么样的，**从而得出我的黄金三角定位。

2. 实战案例

我们曾经策划了一个无抗猪肉品牌“猪无戒”，运用黄金三角定位模型：

（1）在客户端我们定位解决的主要消费痛点是：“煮妇们”对于“部分生猪喂养中滥用抗生素导致猪肉抗生素残留超标”的担忧。

（2）竞品简要分析：无抗猪肉大品类暂无领导或强势品牌，我方具备无抗生猪饲养技术（益生菌群式健康喂养）及大规模养殖能力。

（3）黄金三角定位：做无抗猪肉领先品牌——创意具备品类占位能力的品牌“猪无戒”。

3. 品牌定位的诉求

品牌定位有三个不同层面的诉求，三者之间没有绝对的高下之分：

（1）物质诉求：产品越年轻、品牌越初级，就越倾向于直接说出给用户的利益。

（2）情感诉求：成熟期品牌/产品，可以多尝试情感营销，引起消费者的共鸣。

（3）精神诉求：类奢侈品、高价值产品、普通品类的高端产品，可多诉求精神价值。

以“猪无戒”为例，品牌定位见表1－1。

表1－1“猪无戒”品牌定位

物质诉求	情感诉求	精神诉求
“猪无戒”，赶跑6大抗生素	妈妈爱无界·猪肉选无戒	强壮一代人·我选“猪无戒”

补充一点：黄金三角定位模型是动态、立体的，做本地营销和全网营销，做特渠道或全渠道销售，竞争对手、自身的战略匹配能力、客户群的地理分布和人口统计学特征等，都是要被区别对待的。所以，不能就此说黄金三角定位理论已经过时，而是要结合中国本土市场实践赋予新意，创新运用方法。

二、简单回顾信息不对称营销时代，撬开消费者心智的“三板斧”

（1）专家开路：或明星代言，或专家侃侃而谈，甚至改变产品的“国籍”与“血统”。

（2）公关先行：以类新闻形式包装商业软文，以类科普读本形式包装产品商业广告或使用说明书。

（3）电视霸台、墙体刷屏。走小县城、乡镇农村“塔基市场”路线，或海量承包地方电视台非核心时段广告；或广告下乡，攻陷墙体，形成触点无处不在的密集轰炸。

这三招奏效的前提是：绝大部分话语权掌握在主流媒体手中；大多数受众的鉴赏能力、科学素养有限，相信专家胜过粉丝意见领袖；采购决策信息主要来源于媒体、广告推介，以及权威/知名人士的推荐。

在信息冗余及传播“粉尘化”的营销语境下，原来的广告战正在溯本求源，这个源头就是用户对于产品的各种体验。本节提到了产品物质、情感、精神的多维体验，各个维度还可以无限细分。就快消品来说，物质体验有口感、营养/养生价值、包装附加值、购买及食用的方便性等。自媒体的崛起+产品社交化功能被开发，产生了很多小而美的非主流品牌，传统的定位理论正在因消费者话语权的回归而被重塑。

三、新生态时代品牌定位的三大趋势

（1）产品品类正在被重构为“泛品类”。以前的品类由工业化思维主导，比如奶茶类，从品饮方式可分为手工冲调式奶茶、快消品杯装奶茶。以后的品类将更多基于消费场景，比如恋爱时喝的奶茶、与闺蜜分享的奶茶、犒赏自己的奶茶……区别于传统的市场细分化，泛品类将通过包装的准定制化（语录体标签是体现之一）来实现产品消费场合的细分化（以青春小酒江小白为代表）。

（2）品类的占位将更多地依靠自身内容、体验为王的传播，而不是以广告为王的传播。让产品自己站出来走两步（体验）、说两句（口碑），而不是自我标榜式的“行业领先”“业界首创”之类。定位理论的应用存在“安全边界”！（注：从众心理和信息不对称是传统定位理论赖以生存的两条主要边界线。）

（3）从众路线不一定在哪儿都能走得通。传统定位理论认为世人只会记住品类第一，假如山算一个品类，大多数人都知道珠穆朗玛峰而不知世界第二峰。但对于每个消费个体，比如对“我”来说，印象最深刻、最想去的可能还是外婆家后院的小山。为什么？因为“我”对珠穆朗玛峰没有体验，但外婆家后院的小山却给“我”留下很多儿时的乐趣和回忆。如何找到大众关于“外婆山”的共鸣记忆点，是很多中小品牌实现逆袭的捷径之一。

撰文后话：

定位是很多品牌与文案的创意导航系统，但对西方式定位理论的使用不必盲从，因为所有的理论都会有边界和时效。比较可喜的是，国内很多传统企业也正在跳出单纯的自我标榜式定位的藩篱，开始直链消费场景，如酒鬼酒·馥郁香——高端会议晚宴用酒。

有放之四海皆准的定位与创意方法论吗？一种熟能生巧、由静生定、由定生慧、发乎本真、有如神助的“道”，将我们对世界原本碎片化、离散性的认知，重新拼合成一幅没有边际的图景。我们要做的就是从中撷取所需的一页页“幻灯片”，回归整体本源思考，让我们一起去寻回商业文字游戏的“大道”和妙境吧！

第三节　阴阳对位横向切割法

宇宙本混沌，一划开天地，阳阴有分数，四季渐有时，五行生克用。阴阳论是中国《易经》哲学思想的内核。其实万物本没有绝对的阴阳之别，阴阳论是人们为了便于对万事万物进行归纳与分析的“自定义属性”。孤阴不生，独阳不长，如果世间没有男人只有女人，那女人就再不是“女性”了，或许就成了中性体。

源于《易经》思维的横向切割式定位，关窍在于先将有序的市场在“现有的思维空间”中打碎、搅拌成混沌态，重置“阴阳对位”，再根据阴阳对位重新对市场进行一种有利于己的定义和切分。市场蛋糕的常规切法都是竖着切，何不试试横着切？拦腰一刀：想吃奶油层的，拿走，不谢！

一、“阴阳对位横向切割6步走”方法论

第一步：跳出“传统市场细分化”的思维惯性。

第二步：找准一对“阴阳关键字（词）”，重新定义大品类。

第三步：为重新定义的大品类取一个具备消费者心智穿透力的名字。

第四步：设计一把犀利的“切割之刃”（如品质区隔、行业标准等）。

第五步：基于大品类创意一个具备占位能力的好品牌，以防“鸠占鹊巢”。

第六步：围绕新品牌、广告语创作延展系列文案，迅速进行普及式传播。

二、实战案例：轻饮料策划 6 步走摘要

我们曾是国内轻饮料定位概念的首创与首倡团队。在该项目定位提案论证会上，有专家指出轻饮料的战略高度、市场渗透力，在国内饮料界绝不亚于“预防上火”的概念，它是民族饮料品牌改变世界碳酸饮料巨头主导市场格局的重大机遇。然而后续的市场落地与演进一波三折，颇具戏剧性。先奉献整个策划过程中的主要思考与关键步骤，透视一下中国式“阴阳鱼策略”对品类和品牌创新的巨大威力。

该企业主打产品“罗汉果植物精华饮”，初始包装为 250ml 马口铁矮罐，主要成分有罗汉果、白茅根、淡竹叶、薄荷等，原品类定位为“舒缓型植物功能饮料”，诉求广告语：释放自我添活力！

经过系统性调研分析，对该饮料原定位做出如下诊断：

（1）该饮品原定位“舒缓型植物功能饮料”，是在传统市场细分下“功能型饮料”强大阵营的夹缝中求生存，说白了，它是和红牛等巨头品牌抢市场，同一赛道的竞争对手还有乐虎、启力、东鹏特饮等。个个都是如狼似虎之辈，该企业实力不足，何以血战到底、杀开一条活路？

（2）产品口味清淡，和牛磺酸类主流功能型饮料口感迥异，这样“低浓度”的饮料打功能牌容易陷入消费者口感陷阱，进入心智悖论——不自觉地和“红牛”们比较，如此清淡的饮料能够支撑你们所说的功能性吗？

（3）“释放自我添活力”和“开车/加班/运动提神、补充能量”诉

求，两者的用户体验有很大差异。前者饮用后感知不明显，心理暗示大于身体反应；后者直观有效，能为持续式购买提供支撑。

我们经过综合评估，建议客户换个战略维度，重新审视当前的不利竞争格局，通过“阴阳对位横向切割6步走”，自选赛道。

第一步：拒绝被细分化，不按竞争对手的套路走，跳出红海竞争。见图1-3。

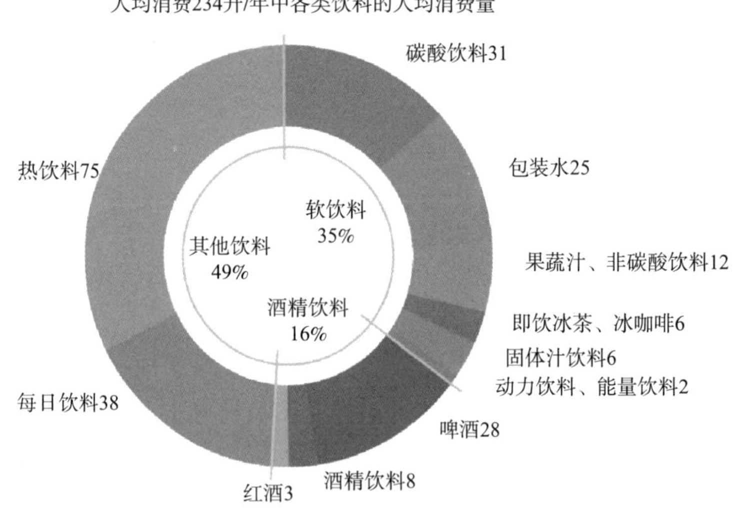

图1-3　传统市场细分化逻辑下的饮料市场占比示意图（2014年）

第二步：直击传统主流饮料高糖高热、较多使用食品添加剂的软肋，顺应新型饮料绿色化、轻型化的大趋势，寻找阴阳关键字（词）：轻⟵⟶重。

第三步：大品类重新命名轻饮料。兵不血刃，影射世界上只有两类饮料：轻饮料和非轻饮料……让大多数竞品滑向“重饮料阵营”却不便于高调出头自辩。此举将产品在功能型饮料阵营中口味清淡的缺点转换为新市场阵营中的优点。

第四步：切割之刃——打造轻饮料行业6.0标准：0防腐剂、0人工着色剂、0人工香精、0合成调味剂、0乳化剂、0兴奋类物质，并对行业新标准创意口语化传播主张：轻饮料，更轻松！

第五步：轻饮料品牌创意——轻一口（注：因轻饮料无法进行商标注册，但作为品类名称可以不注册商标，创意符合轻饮料大品类属性的产品品牌即可。）

第六步：轻一口品牌广告语创意——每天轻一口，悦喝越轻松！

语录体传播示例：亲爱的，我要轻一口！（注：根据不同使用场景可以使用不同称呼，和爸爸、妈妈、老公、老婆等，“轻”谐音“亲”。）

三、他山之石——案例分析：营养有黑白，就选黑营养

“阴阳对位”之横向切割，一定要创造对自己十分有利的战场展开决战，“敌”不应战，我方快速蚕食对方市场；“敌”应战，陷入我方预设的逻辑陷阱。所以，这一对切割反义词的选择非常重要，利用人们对于事物优劣的惯性认知，我方要占据道德或市场制高点，而不是平视对手。作为市场后来者，如果你只是和切割后重新定义的对手们打成平手，就无法打破原有的格局，这样消费者教育的成效也不明显。

1. 轻饮料 PK 重饮料

轻饮料联想：让人感觉轻松的、口味轻淡的、能够轻身（减肥的）……

重饮料联想：颜色深的、沉重的、添加剂含量较多的、含有重物质（如高糖、高热、重金属等）……

切割后的认知：轻饮料比重饮料更安全、更健康，相对非轻饮料有替代优势。

2. 黑营养 PK 白营养

黑营养联想：黑色谷类食品、黑木耳等，营养独特、丰富，但属于补充性食源。

白营养联想：大米、面粉、牛奶等主食，营养丰富、常规，是不可

替代的主食。

切割后的认知："营养有黑白，就选黑营养"两者不是排他性、替代性的关系，消费者大脑中传统的惯性认知逻辑应该是：常吃白营养，偶补黑营养。这样的切割从消费者心智模式上自我设限了，就难以获得"星星之火，可以燎原"的市场内生动力。

撰文后话：

轻一口饮料是我们于2014年10月的案例，当时在百度词条都找不到轻饮料的定义。不敢说全球首创，算是在全国系统性创意轻饮料概念的首创团队。由于该企业当时拖欠了我们为数不少的策划服务费，2015年1月月底双方的合作便终止了。原本期望中国民族饮料品牌阵营再创一个"凉茶式"的营销奇迹，无奈该企业志不在此，几年后大范围地启动市场，在追逐资本的道路上如脱缰野马踏蹄狂飙，最终遭遇了巨大的滑铁卢。好的创意被浪费，既是甲方的悲哀，更是策划人心中的遗憾。然而该案例作为我们《易经》切割思维策划的代表作，在此亦不吐不快。

第四节　文案创作如何读懂并超越"时间轴"

《孙子兵法》的"道、天、地、将、法"中的"天"，可以理解为天时或做一件事情的时间窗口，也就是本节所要阐述的时间轴。时间轴有由内、至外两个维度，文案创意要依时而动。

一、由内

1. 第一阶段，品牌初创期——说清楚我是谁

该阶段传播的主要命题是解决品牌和产品的链接，有三种创牌技巧：

（1）好的品牌命名可以自带广告语“BGM”（背景音乐）效应，本书第四章第二节的蒸食寨案例就属于这种情况。蒸食寨品牌简单的三个字同时具备了行业属性、品类属性及核心USP——品牌文化属性（谐音“真实在”文化：产品性价比实在、食材质量实在、老板真的很实在）。类似这样的品牌，在初创期可以明显缩短对消费者的教育过程，节省大量的广告宣传费用。

（2）如果品牌名不具备较强的广告语效应，那么品牌广告语最好带上品牌名字及行业属性，或者植入部分品牌名称，把话说实一点，广告语要直接说出带给用户的利益点或独特卖点。就像江湖小白，出场时自报“江湖名号+成名绝技”是标配。例如：南方家政——家政选南方，放心去上班。

（3）有了江湖名号，还可以借势借力、左右逢源。蹭别人不丢人，但同时要抓紧修炼内功，否则盛名之下其实难副，后面容易栽跟头。就像慕容大侠——南乔峰、北慕容——的名头甚响，但武功和人品离乔帮主相去甚远。这类手法其实是品牌传播经常用到的“傍大款”，即对位真正的江湖大佬，和他“勾肩搭背”，久而久之也会造成两者旗鼓相当、一时瑜亮的错觉。

2. 第二阶段，品牌成长期——说出我做得比同行好

该阶段主要是基于产品，选择物理诉求或情感诉求两个不同的层次，用理性或感性的手法，强调自身优势。例如：翰廷红——匠造国宾级红木家具。

3. 第三阶段，品牌成熟期——我不仅仅是做××的

该阶段品牌诉求可高于产品，不必拘泥于行业专属词，诉求再拉高一点，直指马斯洛金字塔顶端之“自我实现”。

例1：没有人可以真正拥有甲壳虫！

例2：万科——让建筑赞美生命！

这两个广告语slogan是否有点哲学高度了？

广告语的物质利益、情感利益、精神价值三个维度，可以参考本章

“黄金三角定位模型”，看看你的品牌处于哪个成长阶段？当然，我们还可以进一步细分为 5 个阶段：导入期、成长期、领秀期、成熟期、老化期。导入期的子品牌如果有比较强大的母品牌（背书品牌）支撑，品牌诉求可以超越一些初级阶段。5 个品牌阶段，有 5 种不同的文案创作主导思维，也有各自阶段文案创作的主导策略和主旋律。

二、至外

1. 顺向思维时间轴

任何行业都有生命周期，将品牌成长周期与行业生命周期交叉匹配，就可以创意出既符合行业大势，又贴切品牌现实的广告语或文案。以行业俯瞰者的视角研究产品与市场，画出时间轴，标注出能够影响行业风向的大事件。简单地说，**就是结合已经发生的事情进行创作。**

比如酒驾入刑、塑化剂超标等行业大事件，对白酒行业文案创作的主题和调性会产生什么影响？参考表 1－2。

表 1－2　行业大事件对白酒行业文案创作的影响

行业大事件	对白酒行业文案创作的影响
酒驾入刑	从劝导型向人文关怀转变，低度化、醒酒快成为新诉求点
塑化剂事件	安全/生态/有机白酒的春天来临，文案创作更关注工业细节
青春小酒逆袭	吹起一片怀旧/青春之风，语录体式/短句型文案驱动市场
酒类电商崛起	口碑传播提速，公关压力增大，白酒文案走向“细节营销”
中美贸易战、经济转型回调	民酒价值再次回归，产品包装极简主义复兴，文案更接地气

2. 逆向思维时间轴

逆向思维时间轴，是站在未来看现在，属于逆向时间观。简单地说，**就是在大脑中提前预演还未发生的事情，“以果为始”进行文案统筹创作。**

以一场新品发布会为例，预期到场300人以上才算成功旺场，那么邀约目标需不低于450人。以这个结果倒推，我们需要创作一系列分渠道邀约文案，协助各渠道进行客人邀约。见表1－3。

表1－3　渠道邀约文案

邀约渠道	主要文案出品	目标分解（450人）
销售人员邀约	邀约话术、手机短信、邀请函（H5电子版、纸质版等）	200人
市场部/外联部邀约（媒记/协会领导等）	媒体邀请函、VIP邀请函、活动主题及议程表	20人
行业媒体推广邀约	活动预告或软文	80人
自媒体邀约	微推图文、公众号推文等	80人
老客户转邀约	邀请函	30人
异业联盟会务合作	展架、邀请函、活动推介PPT	40人

我们还可以将时光机器向后拨至发布会当日现场，请想象新品发布会现场人山人海、一位难求的盛况……这不是自我催眠，而是一种潜意识能量的激活，这对于点燃创意人的激情和创作自信，提高上述文案出品的质量是极有帮助的。建议读者们参考借鉴，或许可以突破以往固有的任务式创作模式。（注：应用案例可参考第五章第四节的“格局商学开播大典H5邀请函”。）

3. 投射思维时间轴

如果将顺向思维和逆向思维进行融合，就可以复合出更高维的投射思维。人之所以为“人”，是因为身体没有办法摆脱时间和空间的束缚。你可以借助现代的交通工具去到人类所能去到的任何地方，却无法做到上天入地，转念即达；你也可以借助各种黑科技、“暗物质”实现长命百岁、寿至极限，却无法实现肉体的永生。神之所以为神，是因为他们打破了时间、空间对他们的身心束缚。本书不谈修仙之术，不过对于有神性色彩的投射思维，却值得创意工作者仔细玩味。

投射思维是什么？笔者认为的投射思维，并非简单的换位思考、感同身受，而是先假定，我们的神思可以暂时离开身体这个躯壳，既然身体只能拥有相对的自由，为何要让它束缚我们天马行空、无限遨游的思想呢？**这个神思（你可以理解为是另一个你，拥有你所有的感情、思想、记忆）可以自由投射到你想去的任意时空点**。这个时空点可以是古代某一个特定的时期或场景，也可以是未来某一个时空点；可以是自己，也可以投射到他人的身体；可以换个角度，以飞禽走兽、一花一木的视角来观世界。此时，时间轴于我就只是一个刻度，一个观照事物变化的刻度。

为了让大家避免陷入“烧脑程序”，列两段文案供大家围观、指正：

（1）将人的神思投射于动物身上，借小动物之口说出有机稻的环境优势。

有机稻种植·青蛙篇

做蛙没有梦想，
和咸鱼有什么分别？
斜倚稻禾半望天，
蝗蝼青虫舌尖来，
穗子弯腰拂惺忪……
做××有机稻的小伙伴，
我是一只有梦想更有未来的蛙。

有机稻种植·泥鳅篇

我姓鳅，一条非主流的鱼。
活得如鱼得水，
不过生长在稻泥。
在我的地下行宫里畅游，
从小不知“毒”为何物。

做××稻子的小伙伴，
以“有机”之名，守护我们共同的家。

（2）将人的神思投射到和创作背景相对应的时空点。

例如：Boss 让我写一篇有点老子《道德经》风韵的中式合院别墅文案。我们马上要穿越回周朝，降落于老子著书立说的洛邑守藏室。

场景投射：

“我”（老子），独坐于一间斗室，青铜色陶灯泛着豆光，四处竹简如山，“我”以一种纵观宇宙、俯瞰众生的高度，一边低声吟哦，一边虔心撰录。逝者如斯夫，有生之年要留下对于“道”的些许领悟！于上古先德行将崩坏之际，在百姓为一饭一缕似蝼蚁般躬耕之时，在众生被诸侯霸主如刍狗般驱策向前之日，留下老聃“观天、悟地、听人”之三位合一的共融共生之道，让人人找回“万物同根、发乎自然”的生命自在真境！（注：老子本名老聃（dān）。）

入境后开始创作：

以天为穹庐，以地为承负，以墅院为镜，映天人合一的居者大境。
以湖为腰佩，以江为蟒带，以墅院为线，缀水云相间的善者大筑。
……

上文的行文方式已经突破了“众生”视角，更显纵横辽阔之感。可参读庄子《逍遥游》：鹏之徙于南冥也，水击三千里，抟扶摇而上者九万里，去以六月息者也……

撰文后记：

文案创作，内外兼修。由内：知道自己在品牌丛林中的成长周期与食物链地位。至外：感知外界环境的变化，选择最适合自己的生存方式，有时韬光养晦、有时趁势上位；有时积极作为、有时高调登场；有时徐图缓进、有时绝地重生……

第二章　文案创作工具模型

第一节　文案生态树

一、定位、策略、技法和出品的关系

前面用了一章篇幅来介绍“文案创作之前的工作”，着力于卖点、定位、策略等要领。毕竟商业文案不是单纯的写作，项目/品牌定位是策略的原点；策略是各种创意方向和文案结构（技法）的支点；文案结构是创意活动呈现出来的内容骨架；而出品是所有创意活动（定位、策略、文案、设计或视频等）合力后形成的视听化成果。为了让大家对商业文案创意活动全过程有一个更形象、更系统的认识，绘制图2－1文案生态树模型。

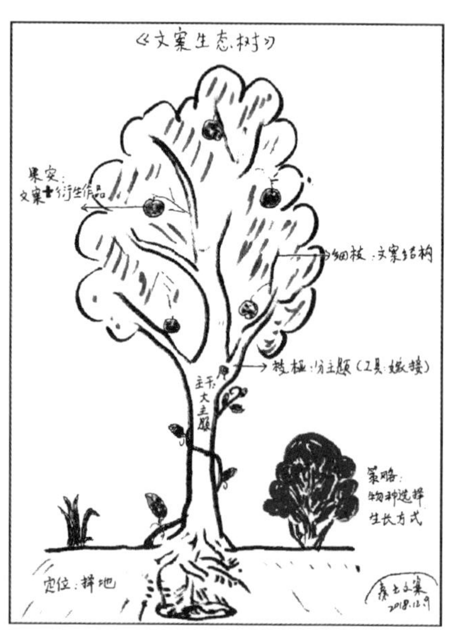

图2－1　文案生态树模型概念手绘稿

二、模型解构

1. 定位（择地）——确定品类竞争维度

确定品牌在整个商业生态系统中的位置，我们先做竞争环境分析。客户维度：找到有充足底肥的利基市场或具备未来成长潜力的市场土壤。企业维度：分析资源与战略匹配能力，即你的“物种基因”是什么。如果想要做大树，但大树下面长不成大树，这时候可以用阴阳对位横向切割“划江而治”，或进行另择良地式的品类创新“自立山头”。

2. 策略（物种选择生长方式）——确定品牌成长模式

做大树：以我为主、独立自主；

做藤蔓植物：紧跟大树、依附大树；

做灌木：查漏补缺、见缝插针；

做小草：主打低价或微利产品，做“长尾市场”，以量的积累实现质的飞跃。

3. 主题（主干/枝丫）——长期型主题、年度主题、阶段型主题（配合市场节奏）

如同生态树的枝丫，实现三类主题有分有合，相互联结呼应。主题表现手法：感性主题（故事）、理性主题（数字）；痛点主题、悦点主题；嫁接主题、复合主题等。

4. 文案内容（细枝花叶）——文案结构及文字组织形式

文案创作手法：一字文案法（详见本章第三节）、AIDA短文案法（详见本章第四节）、逻辑闭环文案法（详见本章第五节）、核心概念文案法（参考第五章第九节第二种架构手法）、排比式/口语式广告金句……

5. 成品（果实）：以文案为核心脉络的各种出品

包括：平面设计类、软文类、长网页类、小视频类、广告短片类……

撰文后话：

秦士绘制文案生态树模型并加以诠释：一是建议读者们将定位、策略、技法融为一体，帮助我们打造更有整体感、更有传播力的系统型文案；二是强调文案人不要把眼光仅局限于文案。商业文案的目的不是单纯地玩弄文字游戏，也不是自嗨式地秀创意，它的终极目的有且只有服务于品牌成长，说得更直接点就是服务于市场推广的客源转化与销售结果。

以明确的品牌定位和成长模式为前提，有清晰的各阶段推广目标，有章法、有逻辑体系的文案，才能“卖出好价钱”。

第二节　文案创意的 8 大人性按钮

文案创意如何找到对客群进行心理洞察的抓手？和大家聊一聊文案创意的 8 个人性洞察原点，也是涉及人性的 8 个心理按钮，天生被写入每个人的生命程式。以 8 大人性按钮（见图 2 – 2）为洞察原点创意的文案，读者看到必有回响或行动。

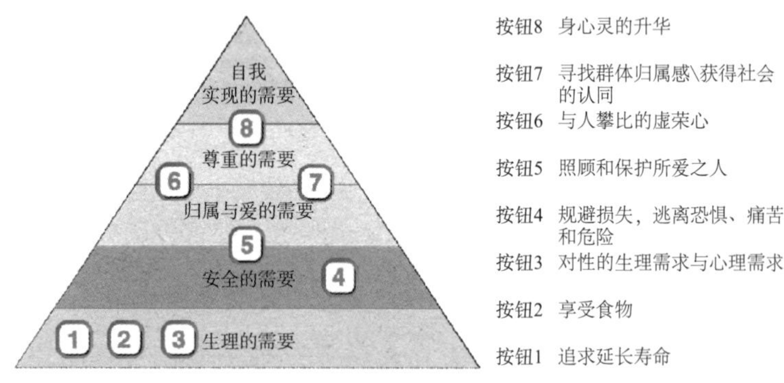

图 2 – 2　文案创意的 8 大人性按钮模型

这和著名的马斯洛需求原理“金字塔模型”有异曲同工之处，但这里分化为 8 个不同视角的人性洞察原点，更方便作为“文案创意原点法则”来使用。为便于理解，列举如下短文案（部分为笔者原创）分别解构：

按钮1：追求延长寿命

例1：让生命回归天赋长度、宽度和精彩度！（某养老地产）

例2：有人喝了我一百多年！（某寿乡矿泉水）

按钮2：享受食物

某红酒网店宝贝描述文案：

- 红宝石般酒液，浓郁成熟略带丝丝烟熏香料味。
- 酒体丰满圆润，酸度和谐。
- 浸漫舌翼、回荡口腔，有隐隐的丝滑黑巧克力回味。
- 余味悠长，有微辛雪松和橡木的芬芳。

按钮3：对性的生理需求与心理需求

以性为原点并不等同于情色营销，而是把商品推广和对异性的追求结合起来。像著名的“钻石恒久远”，把钻石和永恒的爱情、婚姻紧密链接，“造梦”与“控量”相结合打造价格神话。

例1：往身上洒一点，任何事情都可能发生。——派费姆·科迪香水

例2见图2－3。

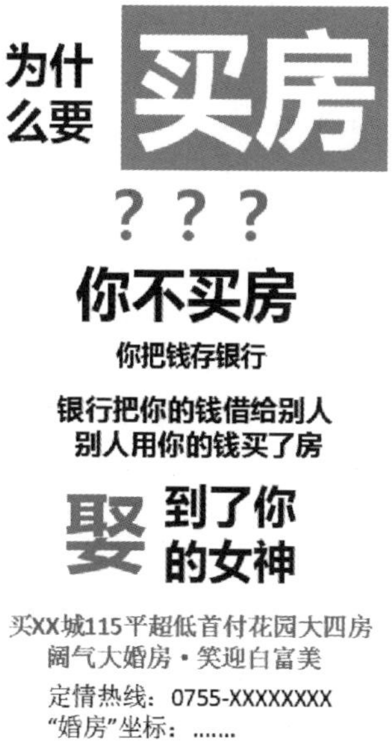

图2－3　按钮3例2

按钮4：规避损失，逃离恐惧、痛苦和危险

例1：真是没想到，水龙头真脏！有××全自动非接触泡泡洗手器，手护家人健康。（注：可附上数字，如平均每个水龙头附着的细菌/病菌种类及数量。）

例2见图2－4。

城市枢纽金座LOFT系列价值点语录体文案：

座等敢于说不的人！

没有高铁不高明，每次出差怕误点。——在金座，不存在！
公司开了七八年，地址换了五六个。——在金座，不存在！
生意做了十几年，算账全给房东干。——在金座，不存在！
普通住区不靠谱，约人面试都不来。——在金座，不存在！

图2－4　人性按钮4例2

按钮5：照顾和保护所爱之人

例1：陪你看海，直到永远。（某海景房广告）

例2：为家人，男人像棵墅！（某城市别墅广告）

按钮6：与人攀比的虚荣心

少数人的原乡·多数人的愿想。（某豪宅广告）

你会吸引更多的目光。（某服装广告）

按钮7：寻找群体归属感/获得社会的认同

人是群居动物，寻找并加入各种正式或非正式的群体，既是生存的需要，也是心灵依附使然。社会认同感，浅层一点，可以理解为从众心理；高阶一点，可以理解为自我身份的锚定，即通过外物来确认、强化自己的身份，以获得某些圈层的接纳及自我认同感。

例1：爱酒又懂酒的人多选××红酒柜。

例2：书香围城，何必三迁？——荣和公园里·学府·学区篇

例3：假如你还需要看瓶子，你显然不在正确的社交圈；假如你还

需要品尝，那你肯定没有经验。——芝华士

按钮 8：身心灵的升华

例 1：你的酒窝没有酒，我却早已醉了。——你的酒窝没有酒

例 2：那些别人眼中的天真都是我以梦为马的狂奔！——京东

撰文后话：

这 8 大人性按钮，你学会了吗？接下来我们一起思考：双十一、双十二购物狂欢“造节活动”，蕴含了哪几个人性洞察原点？轻松一刻，看图说话见图 2－5。

图 2－5　“双十一之人性洞察”手绘趣味图

第三节　一字文案法，少即是多

汉字属于图像表意文字，信息密度大，同时许多汉字也是合体文字（偏旁部首），这为文案创意提供了两个方向的灵感：拆文解字、字·画融合，一图胜千言。

一、拆文解字

通过笔者的一篇自媒体文《只需一个字——悟透〈心经〉260 字》

中的文章节选，来品读中国文字蕴含的丰富信息量（见图2－6）。（注：以下内容仅代表笔者个人感悟及观点。）

2－6　只需一个字——悟透《心经》260 字

悟，是物质大脑的显意识活动和非物质精神的潜意识活动交互的结果。悟字由“忄、五、口”三部分组成。

忄——代表意蕴，即“五蕴”（色蕴、受蕴、想蕴、行蕴、识蕴）在大脑中的投影，是人身心的感应。

五——代表人感知和认知物质世界的 5 种感官识别系统，分别是眼（视觉）、耳（听觉）、鼻（嗅觉）、舌（味觉）、身（触觉）。

口——有两重含义：既是悟的起点，也是悟的状态。说是起点，不管是佛家还是道家，观照口鼻呼吸、调整气息都是登堂入室的重要入口。说是状态，“口”字看似有框（有道、有法），实则内里是个“虚无”（无为）。《心经》中的“色即是空，空即是色”说的就是虚无，这个虚无并不是一个绝对真空，而是组成万事万物的精微振动能量。身心对于虚无的感受可以观照打坐入定时，旧意识湮灭和新意识生起之间身心灵虚空的状态。

二、字·画融合

将字的部分结构、笔画与设计元素进行融合，比如将传统中式建筑的“挑檐”和笔画中的“撇”“捺”结合设计。参考“阔”字的三种植入与变形（见图2-7）应用于某地产项目，分别表达产品的三个卖点：大园林、大客厅、大气的入户门。其他类似大阳台、大社区、大教育等卖点也可以参考这个思路进行创意设计。

图2-7 一字文案法之“阔”字概念手绘稿

三、如何聚焦提炼“一字”

首先，运用策略工具USP提炼术找准产品卖点，或运用黄金三角定位提炼消费者心智关键词，然后将产品卖点或心智关键词用一个字进行聚焦。这考验文字归纳概括能力，其实并不难，一部260字的《心经》能以一字概之，近百万字的经典名著也能以一字“括”之。不信请看：

《水浒传》——义：以兄弟之义啸聚一百单八将，宋某人以君臣之义凌驾于兄弟之义，最终兔死狗烹，英雄飘零。

《西游记》——悟：一只石猴的开悟成佛史。

《三国演义》——谋：蜀汉谋存、东吴谋霸、曹魏谋统。

《红楼梦》——梦：贾王史薛起高楼，繁华终究梦一场。一林二宝温如玉，游园春梦夕阳残。

实战案例：

某猎头机构，其核心优势是“招聘成功率很高”，成功率高可以用一个“快”字来聚焦。“快”有两个层面：第一，猎挖的目标人才常常没有职业空档期，较少流向自由市场，所以猎头们必须像鹰一样快速出击；第二，很多企业HR选择猎头机构，是希望改变对中高端人才守株待兔式的被动招聘，借助猎头的服务加快招聘节奏，节约时间及人力成本。(运用一字文案法之“聚焦提炼”。)

找准关键字“快”，结合一字文案法之“字·画融合”进行创意设计，以“快速奔跑中的人”突出其核心优势（见图2-8）。

图2-8　一字文案法之“快”字示意图

撰文后话：

如果有的读者认为，聚焦提炼的核心字可选余地太少，可能会局限创意。其实这根本难不倒中国文字！同样是“招聘成功率高”的优势，还可以聚焦为“悦”字，用一字文案法之“拆文解字”进行诠释设计：忄——HR放心之选；兑——使命必达，兑现职业承诺。结果是什么？当然是Boss满意。

一字文案法，少即是多。有时极简主义可以让我们从“书山题海”的广告中跳出来。

第四节　短文案之 AIDA 模型

1925 年，斯特朗将 AIDA 模型引入广告效果评价中，成为第一个广告效果测评模型。我们节选一篇 VW 汽车广告，来说明 AIDA 模型在广告短文撰写时的行文流程与四大环节间的转换，见表 2－1。

表 2－1　VW 汽车广告

AIDA 模型结构			文案撰写策略	VW 汽车广告文案内容
A	Attention（注意）	引起目标顾客的注意	标题吸引读者，引导对内文的兴趣	标题：它让你的房子显大了
I	Interest（兴趣）	激发对产品的兴趣	凸显产品独特卖点，导入预设场景	现在车子变得越来越大，房子就会越看越小，但一部小身材的 VW 就可以让一切恢复原样
D	Desire（欲望）	勾起对产品消费的欲望	深度诠释产品卖点，由卖点向顾客利益点转换	停在门前的 VW 对你的房子大有好处，对车库也一样。至于小小的停车位和窄窄的道路就更别提有多好了。VW 让一些东西变小了，比如汽车账单上的数字……
A	Action（行动）	引导采取行动	强化信任，感召与建议顾客行动	想想看，你也许只有两种选择：花一大笔钱买更大的房子，或者花 1675 美元买一部 VW（潜台词：买小点的车显然比买更大的房子容易得多）

一、注意（Attention）

在文案型广告中，引起注意主要由标题来承载。广告大师大卫·奥格威认为，读标题的人平均是读正文的 5 倍，如果标题搞砸了，基本说明这个广告 80% 的钱被浪费了。广告标题如此重要，在本书第五章的第五节和第六节中将和大家详细探讨。

二、兴趣（Interest）

成功地博得了观众的眼球后，接下来你要说的内容和我有什么关系、对我有什么好处呢？激发兴趣是承上启下的桥梁，在正文的开头部分须将独特销售主张开宗明义，紧紧勾住读者的探究兴趣。

三、欲望（Desire）

勾起读者欲望一般有两个视角：

1. 放大快乐：我买你的产品能给我什么样的愉悦体验？是基础的生理需求还是满足我的虚荣心？

2. 放大痛苦：痛苦型文案的内在逻辑是，我不必取悦于你，只需戳中你的痛点，足够痛了，也许就会成为触发你行动的一个契机。

在当下各种商业场景的文案中，“快乐”型文案占比有一定的下降趋势，有时候其也往往与“痛苦”型文案搭配使用。我们认为主要是两个原因：

（1）广告的主流、常规语境大都是“取悦”读者；“痛点”式文案有时候能够为广告信息突围带来一种相对的差异化。

（2）追求快乐、逃避痛苦是每个人的本能。有心理学家指出：人类逃避痛苦的行动力是追求快乐的4~8倍。虽然这个数字未必精确，但是人们面对痛苦信息或威胁时，相比愉悦信息或诱惑，往往前者的反应来得更迅速、更激进是一个常见的事实。

例1：来看一组西门子洗碗机在快乐语境下（见图2-9）和痛苦语境下（见图2-10）的广告文案。

“痛苦”型文案随后要及时给出“痛苦解决方案”，否则就会变成纯粹的哗众取宠或贩卖恐慌。同时，不要触碰人们的一些心理禁忌，把握好尺度，即无伤大雅的恶作剧，或引发同感、同情的扎心话。

图 2-9 勾起欲望——放大快乐案例

图 2-10 勾起欲望——放大痛苦案例

例 2：关于痛点型文案，再附上一段 One Cup 快捷豆浆机的商业文案供参考：

因为你们第 32 次给我过生日，

因为你们第 369 次念叨天冷多穿点，

因为你们第 587 次打电话叫我别老加班，

因为你们第 NNN 次偷偷抹眼泪盼我回家，

因为你们也是我最想在意的人，

所以一直遗憾，没能给你们最好的。

30 秒来杯豆浆，孝敬父母，就这么简单。

四、行动（Action）

引导顾客致电、来访、扫二维码关注或马上购买都属于行动范畴。这一部分文案主要解决：你马上行动会有什么好处？无动于衷会有什么损失？这也是很多促销型文案的惯用方法。同时尽可能地扫清顾客行动障碍，比如实销型广告需避免，因为考虑“设计调性”导致品牌名及联络信息不凸显，或线上交互流程复杂烦琐导致顾客嫌麻烦等。

根据实操经验，AIDA 模型涵盖了受众从接收信息到采取行动的四个心路历程，可以帮助你架构相当一部分常规短文案的撰写。

第五节 逻辑闭环文案之易经八卦掌

中国《易经》博大精深，是群经之首。笔者是《易经》的爱好者与习练者，坚持学习了数年，但自认为勉强算初窥堂奥。

笔者曾在各类自媒体平台发表过数十篇关于如何简单学《易经》的心得文章，同时在工作中将其与策划实战结合，屡见奇效。后来发现：《易经》阴阳鱼模型类似一个“支持多数据格式的解码器”，可以实现信息在“二进制”、文字、图像、影像等不同格式间的转码切换。为便于理解以下附《易经》太极数/象衍生图（见图 2 – 11），对学习《易经》有兴趣的读者可以参考“秦士文案”头条号《易经》入门系列文章。

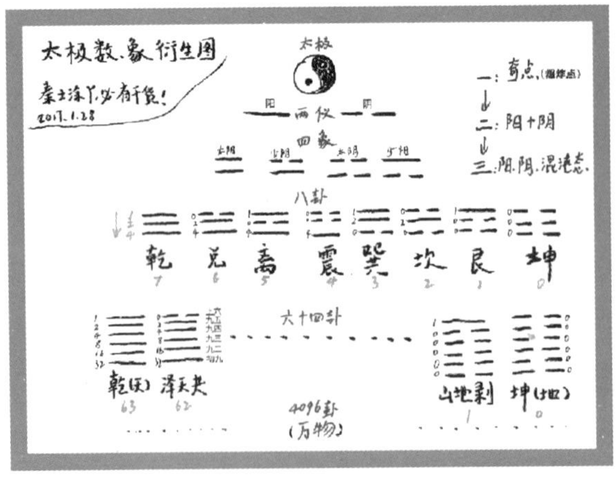

图 2 – 11 《易经》太极数/象衍生图

如果说《易经》是一个能够洞察万事万物关系与发展趋势的“解码器”，能否用《易经》的逻辑来创作现代商业文案呢？笔者经过大量分析后，运用《易经》思维创制了“逻辑闭环文案之易经八卦掌”模型（见图2－12），进行系统性长文案的架构与布局。如图2－12，8个基础卦两两换序组合构成了64卦。同理，各种创作策略组合，也构造出一篇篇直奔要点、张弛有度、自带能量的好文案。大道相通，诸位请看。

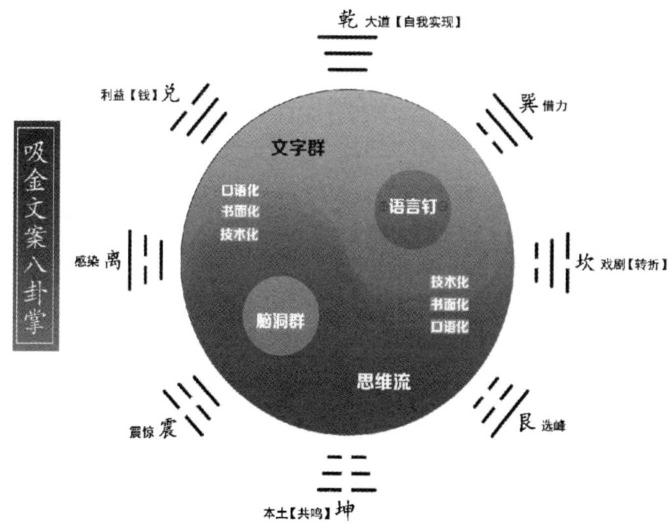

图2－12　逻辑闭环文案之易经八卦掌模型

一、模型解构

（1）阴阳属性：一生二、二生三、三生万物，万物皆有阴阳，文字概莫能外，见表2－2。

表2－2　阴阳属性

阴阳属性	策略	视角	手法	竞争	节奏	……
阴	基于悦点	分享者	以情动人	迂回型	舒缓叙事	……
阳	基于痛点	推销者	以理服人	攻击型	精悍短促	……

（2）**脑洞群：**臆想一下，在神经元丛构成的大脑神经回路里的无数个信息群中，有一些薄弱环节属于竞争对手还未察觉到的兵家要地，就是所谓的消费者未被满足，或可以被重新定义的需求，我们将这些需求称为脑洞群，语言钉首先要考虑往这些地方钉。

（3）**语言钉：**它是对文字群进行布局的关键节点，类似于北斗七星的七颗星。语言钉可以是字、词或短句，引发关注是它们的基本功能；触发思考及引导行动是它们的升级功能。语言钉与“脑洞群”相契合有以下三种形态：

①口语化：主要解决与消费者认知初步链接、广而告之的大众型传播。

②书面化：主要解决产品深度传播，彰显产品优势和利益卖点。

③技术化：主要解决产品精准诠释，专业型消费者 + 竞争激烈的红海市场常用。

小案例：×宝情侣手表

口语化：情场小白的表白神器！

书面化：钟情恒久远，见表如见人！

技术化：四个螺丝的内调摆轮和特殊镀层的自动轮、上足发条可连续走 72 小时以上、传动效率高达 98% 以上……

（4）**思维流：**预设目标顾客从接收到我们的第一信息触点，到触发他的心智模式、激起欲望、形成决策、采取行动、完成支付、最终交付的一系列思维过程。

（5）**文字群：**它是串接思维流的骨架脉络，类似于多米诺骨牌。文案的组织形式决定了多米诺骨牌以什么方式进行布局和链接，文字群所能承载的功能有以下几点：

①找点：产品的点（痛点、悦点、痒点）与消费者心智模式的共鸣点。

②画线：围绕找到的点进行至少两个点位（感性 + 理性）的文案

创作。

③呈面：多种层次的语言逻辑共建，聚焦核心卖点，形散神不散。

④构体：多维度媒介与传播链立体构筑，产品与品牌形成同一性、性格化。

(6) **文案八卦掌——八大文案策略**。文案八卦掌之八大文案策略是文案创作手法的策略体系，它有别于“8 大人性按钮”：前者是创作方法论，后者作为创意原点（切入点）可为前者所用，但两者之间属于不同的理论体系，读者请勿混淆。八卦掌可分可合，分用与合用的策略是一致的。不同的是文案形式：分开单独成句或短文（详见如下分别列举的案例）；合则为逻辑闭环长文案（详见本节“易经八卦掌”组合式策略文案参考案例——VW 汽车），下面来详解文案八卦掌。

①乾：大道（自我实现）。激发每个人与生俱来的自我实现或助利众生的悲悯情怀。

例：Just do it！——Nike

从未改变世界，只是把它留给戴它的人。——劳力士

②兑：利益（钱）。如果不知如何玩技巧，就直接说出带给顾客的好处。

例：看着光，感觉爽。——吉列剃须刀

没有中间商赚差价。——某二手车交易平台

③离：感染。先自我催眠，再感动他人；态度大于内容，感动大于说服。

例：创业很苦，坚持很酷。——钉钉

移动的树，是你回家的钟。——重庆院子

④震：震撼。语不惊人死不休，拿出王阳明老先生以口中惊雷戳破“弃母出家假得道僧人”的气势。

例：不要告诉我你爬过的山，只有晚高峰！——宝马MINI

按捺不住，就快滚！——微软鼠标

⑤巽：借力。借名人、借时事、借历史、借未来、借山借水借海……

例：纯甄不添加，奶后吐真言。——纯甄酸牛奶（借热播剧《甄嬛传》）

人生得意须近山。——壹号公馆（借唐诗名句“人生得意须尽欢”）

⑥坎：戏剧性（转折）。先贬后褒、先悲后喜等“神转折”文案套路。

例1：这孩子读书破万卷，被图书馆管理员列入了黑名单。（网络段子）

例2：装在心里，不如妆在脸上。

装一时，只是侥幸过关。

妆一时，却是实力闯关。

——百雀羚唇膏

⑦艮：选峰。选择产品最具标志性的一个点。

例1：99种顽固污渍，1种解决方案。——奥妙洗衣粉

例2：我们排第二，我们更努力！——美国Avis出租车公司

⑧坤：本土（共鸣）。100%“换身”“附体”目标受众的生活场景进行创作。

例：记得孩子接到录取通知书的那天，她下岗了。当我把保险金放到她手里的时候，没想到她说：“千万别跟孩子提下岗的事。”她把这笔钱全部用来供孩子上学。这四年来，不知道她换了多少工作，走了多

少路。我发现，这世上，母爱，不会下岗。——金盛人保险

二、“易经八卦掌”组合式策略文案参考案例

我们选择 VW 汽车的一组经典文案，以“易经八卦掌模型”进行解构，看看如何在一篇长文案中运用各种策略，制造各种冲突与悬念，让读者有读下去的冲动，同时留下深刻印象。

（1）震：跳出竞品惯用的自夸模式，反其道行之，引起受众关注。

VW 汽车终会报废，如同其他一切事物。

有些人却不信这个邪！

（2）巽：借一位有名有姓有出处的车主，如同受众身边的朋友，提高可信度。

卡尔森·布鲁克斯，来自亚拉巴马州牛津市。

目前她那辆 1959 年产的 VW 汽车已经开了 60 万英里，并且只换了两次引擎。

（3）离：情绪感染，进一步带领读者进入预设场景。

要是你试图跟她说汽车要报废了，她会在农场里嘲笑你半天。

（4）坎：神转折，利用一组数字做对比，强调 VW 汽车工厂轻外观、重性能的品质理念。

这类车主的忠诚始于 VW 汽车工厂，

在那里，100% 的生产线都致力于改良性能，0% 致力于改造外观。

（5）艮：选峰，选取一组最能突出汽车性能的工业数据予以佐证。

历经 15397 项检测才会对外出售的，唯有此车。

冷却器不会有任何问题，因为没有冷却器。（注：采用空气冷却

系统。)

(6) 兑：强调带给顾客的利益——用料扎实、安全可靠。

车身 35 磅喷漆全副武装到车顶，还有防护性钢板来保护车底。

(7) 坤：将人与车类比，体现 VW 汽车的经久耐用、养护成本低。

所以，你若看见一部即将报废的 VW 汽车，不要觉得难过。

它的一生可能比你健康、有活力。

(8) 乾：自我实现，虽然在本段文案中并非直接呈现，但以一种精神价值的方式贯穿始终。如同甲壳虫最著名的广告词之一："美丑只是表面的！"其对应着核心客群的生活观与价值观：乐观、开朗、务实的享乐者；"顽固"品质的守旧派。

撰文后话：

通过"逻辑闭环文案之易经八卦掌"及模型解构，你是否感受到了中国《易经》海纳百川、道道相通的魅力？如果吃透这个模型，可以将很多创作工具纳入其中，大大提高作品的能量级。

本章第一节所讲的"文案生态树"与本节所讲的"逻辑闭环文案之易经八卦掌"，两者在策略和创作步骤上具有一定的共通性。不同的是：前者是文案创作"小生态系统"，保障文案创作时不要跑偏，避免无的放矢；后者为文案创作"大生态系统"，其包容性更强，基本涵盖了本书大部分谋划策略与创作方法论，更有利于文案老手向高手进阶时学习参考。

第二部分 

品牌创意实战篇

导读：以“基因”为品牌赋能

随着物质生活的升级，人们开始追求精神生活的满足，消费者购买产品的诱因已经由原来的产品质量、产品特性转化为更高层次、复杂多变的品牌体验上，其中包括品牌认知、品牌理念、品牌文化、品牌创意等。

消费者对品牌创意的要求往往是新颖的、有趣的、明晰的、深刻的，因此品牌创意是生产商与消费者沟通互动的桥梁。创意的优劣能直接引起消费者和目标群体的共鸣或反感，品牌创意潜移默化地影响着人们的生活观念和购买行为，深刻地烙印在人们的大脑意识中，从而转化为有形的商业价值。

品牌命名创意一直是很多策划机构、广告公司的核心业务之一，含金量较高，服务价值感强，许多创意人视之为秘而不宣的“压箱技”。品牌创意有四个特点：新奇、惊人、震撼、实效。

本篇主讲“中国式品牌智造”的方法论，在开始创意之旅前，大家可以先看看我们原创的品牌成长路径坐标图。

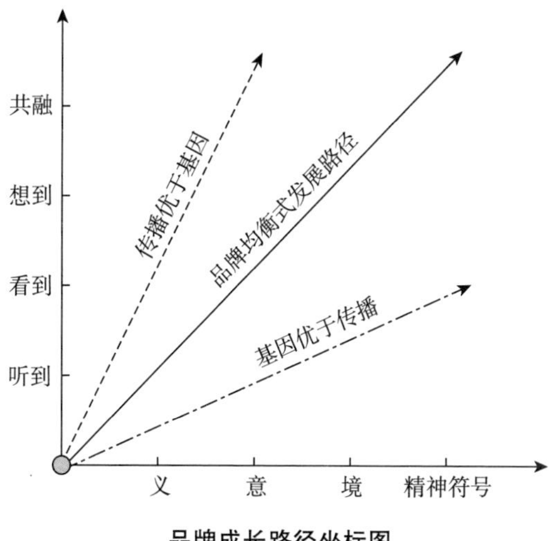

品牌成长路径坐标图

一、以文字解读中国式品牌名称的四个维度

义：直述其义，直来直去，如双沟、雪花。

意：有意蕴、有内涵，如舍得。

境：会联想到特定的场景，如江小白三人饮。

精神符号：上升到哲学高度，成为具有类似“民族信仰、宗教图腾”的文字符号，如少林寺、孔子学院、哈雷摩托、苹果（乔布斯时代）等。

这四个维度也没有绝对的高下之分，只能说是品牌在不同的成长阶段，能够满足消费者不同维度的物质与心理需求，而真正成功的品牌无一不是长期口碑积累与文化沉淀的产物。

二、品牌与消费者互动的四重境界

听到：我听到过你的名字。

看到：我看到过你的样子（对产品品牌、包装、广告表现有印象）。

想到：我选择商品/服务时大脑中有你的位置（形成记忆反射，在该品类中排序靠前）。

共融：你中有我、我中有你，我觉得你就是我的精神代言人，做了我想做却不敢做或做不到的事。

三、品牌命名基因

接下来以“品牌跨界延伸”为例通俗解读品牌基因。我们认为，行业属性与产品特性联想是品牌基因的双链，双链以“基因关键词”相连。不管是纵向产业链式品牌延伸，还是横向跨品类式品牌延伸，新

旧领域共用的基因关键词越多，品牌延伸的成功率就越大。下面以恒大地产和云南白药的品类跨界为例进行说明。

恒大地产和云南白药的品类跨界

主品牌		恒大地产	云南白药
品牌基因关键词	行业属性	花园住宅、豪宅地产	云南中草药企业
	产品特性	资金雄厚、标准化高、精品	传统工艺、止血效果好
跨界延伸新品类		矿泉水	牙膏
跨界延伸新品牌		恒大冰泉	云南白药牙膏
延伸新品牌基因的自然联想		某地产公司的专用接待用水，或业主内供特渠流通矿泉水（非大众型消费品）	具备牙龈止血功能的中草药牙膏 区别于传统化工牙膏 能够为口腔健康加分的草本牙膏

品牌命名背后对应的是产品认知的心智模式与市场竞争策略，看似冰山一角，实则可以管中窥豹，引领未来。

接下来一起领略笔者总结归纳自成一派的品牌创意十二剑：在确定产品定位后（卖点、人群、心智、营销模式等），将通过12个具体技法，打造品牌命名这一冰山之锋。如同给自己的孩子取一个好名字——未见其人先闻其名，能够产生更加积极、美好的联想，为她（他）获得良好的第一印象和社交拓展加分。

第三章　品牌创意十二剑

第一节　第一剑：谐音暗示法

谐音暗示法是品牌创意中运用频率很高的技法，汉字的一字多音、一字多意的特点，为我们提供了丰富的创意土壤。运用谐音暗示法命名主要出于以下三个方面的考虑：

（1）有些有特定含义的词语在申请注册商标时很难审核通过。

（2）谐音品牌往往可以对产品的优点、特点进行暗示，引发有利于己的联想。

（3）谐音命名的品牌有时候可以创造一种有趣、好玩的效果，拉近与客户的距离。

一、谐音法品牌创意攻略

（1）遍历产品、项目所有的优点或特点（参考第一章第一节卖点出位，文案上位：USP 提炼术），写下相应的关键词（字）。比如针对餐饮业的新鲜、绿色、安全、溯源、文艺、透明（出品）、乡野、家乡、招牌菜、传统、传说、秘方、精致、极简、产地、有趣、好玩、动漫、老板/老板娘个人魅力、价格、模仿……

（2）找准核心关键词（字）进行谐音化创意，主要有以下三个方向：

①消费者痛点关键词（字）：针对行业痛点寻找关键词，比如餐饮行业很多消费者的痛点是食材安全性，谐音命名可以参考自家嘢（野）菜、乡野源（原）味。

②消费者悦点关键词（字）：满足目标消费者健康/快乐需求的关键词，还是以餐厅为例，色香味，谐音命名可以参考粤吃悦湘（香）。

（3）产品原点关键词（字）：品牌回归产品与服务，坚持自身特色，找一个具体关键字用谐音法创意命名，参考馒（蛮）多喜事、卤（鲁）大侠。

（4）中文谐音法命名创意的四种方式：

①同音同调：以拼音和声调都一样的字进行谐音创意。例如：

加持→佳池·白兰地（加持中国白兰地）

鲁豫有约→卤欲有约（卤味）

②同音异调：切换其中字的拼音声调（1～4声调）进行“微整形”。例如：

假日沙滩→假日砂潭（天然泳池景区或大型景区中的景点名）

③声母平舌（z、c、s）与翘舌（zh、ch、sh）谐音字的切换；或韵母前鼻音（an、en、in）与后鼻音（ang、eng、ing）谐音字的切换，进行“微整形”创意。例如：

真（zhēn）有才（cái）→蒸（zhēng）有柴（chái）·农家土菜馆

④相近发音：以发音相近的字替换其中的字。例如：

加倍爱她（他）→佳贝艾特·奶粉（该案例还组合了同音同调谐音式）

（5）对谐音命名进行测试，避免出现词不达意或联想不佳的情况，抑或有些区域性品牌因为方言的特殊性带来歧义等状况。例如：

悦点关键词命名：微养（矿泉水），但无法注册商标，以谐音法再创意：

第一选谐音创意（同音同调）：微氧（yǎng）

第二选谐音微整（同音异调）：微漾（yàng）

经过测试后发现“微漾”有不良联想：身体微恙，所以第二选不符合创意要求。

二、谐音法品牌创意实战案例

1. 案例 1

我们曾为一家手工水饺连锁餐饮提供品牌策划服务。经过调研分析后建议：大众型面点餐饮的品牌命名优先考虑回归产品原点，不必随大溜儿刮起千人一面的“东北地域风”。梳理产品的优点和特点有：

（1）原料考究：产地直发东北高筋面粉、用鸡汤和馅，只用当天宰杀的新鲜食材做馅。

（2）出品即时：现包现卖，不卖冰冻水饺……

食材的新鲜性、工艺的即时性用一个核心关键词来聚焦：现卖。但“现卖”是通用动词，无法注册商标。我们运用谐音法，将“现卖”变形为“现麦”。

字面直观含义：现在的麦子。

延伸含义：新鲜的麦子、新鲜的面粉。

谐音：现卖——现包现卖，新鲜到胃。

品牌＋品类名称组合：现麦手工鲜饺连锁。

客户当即采纳该命名方案，迅速注册三大核心品类（30 类、35 类、43 类）商标。

2. 案例 2（谐音“微整形”创意）

2016 年 10 月，笔者在深圳某企业“创意训练营”培训中，接受一位参训客户的现场咨询。该客户有一款产品“车载多功能智能终端盒”，可将传统的导航影音和车辆的各种数据实时“傻瓜式监测”融为一体，同时支持接入多个车身嵌入式摄像头、半自动泊车、一键报警定位求救等功能。分析这款产品：虽然技术上并无大的突破，但在当时该产品“一键智能定位+语音异常报警功能”是它最大的亮点。从消费者痛点分析，女司机应该是此类产品的主要潜在客群，因为夜间独自开车或跑长途是让很多女司机发怵的事情。痛点关键词：女司机开车“综合征”、异常报警、安全定位等；产品原点关键词：智能监测匣。

基于这样的分析，初步命名方案为“智汇匣”。但在测试时，“匣”有黑匣子的不良联想，所以需进行谐音式改造，整形后的最终命名方案为智汇侠；广告语是“智汇侠，美女司机的护航保镖”。

创意小贴士：

由于不同地域的汉语发音习惯不同，谐音品牌的创意还有另一个小众空间。很多南方省份口语发音不仅对平舌与翘舌、前鼻音与后鼻音不是很敏感，而且很多地方口语对 f 和 h 区分也不太明显。比如湘菜馆叫“湖蓉阁”，正确读音（hú róng gé）；两湖部分地方口音（fú róng gé），所以在该地区基本上会联想到“芙蓉阁”。但北方食客看到这个店招可能会另有理解了，或认为是湖景餐厅，抑或是以为老板名字叫“湖蓉”。

第二节　第二剑：数字符号法

品牌嫁接阿拉伯数字，在中国以方块字为主导的品牌阵营中，往往能够制造一种“出挑”的视觉效果。中国人对 6、8、9 等数字大多存有某些口彩上的偏好，为求古韵也有一些数字用汉字表述，如道光廿五。下面我们来看看如何运用数字进行品牌创意。

数字化品牌创意三步曲：

第一步：运用 USP 提炼术（第一章第一节）找出产品的卖点与亮

点，在这里选择某些“点”用数字来表达。万事万物皆可数字化，比如一瓶白酒，涉及它的数字有：

酒精度、容量、粮食主料配比、价格；

酿酒水源地的经纬地理坐标、水质微量元素含量；

口感理化指标：各类酸、酯、风味物质、固形物的含量，以及由它们所决定的香型；

酿酒窖池的历史年份、微量矿物元素的含量、微生物菌群的种类和数量等；

酒存储的时间/环境：温度、湿度、空间（如：海拔、窖藏、洞藏、酒海藏、泥藏……）

第二步：将列出的数字置入“黄金三角定位模型”（第一章第二节新定位之“黄金三角”）找出一个核心数字。

什么是核心数字，比如窖藏白酒，有用确切纪年的（如公元1573年），有用概数纪年的（如90年、60年、30年）。但有的朋友说人家拥有国家级重点文物窖池群，许多中小酒企并不具备这样的历史积淀，数字化品牌怎么玩？还有些白酒在打N年陈概念，但很多酒友也是一头雾水、将信将疑，是酒体在预包装前存放了N年，还是勾兑用的基酒存放了N年？不管是前者还是后者，都是一笔糊涂账，酒友没有办法细究，厂家也很难拿出一个确信的第三方数字报告。

所以，要找自己能力范围内可以匹配的，甚至是擅长的数字卖点，同时和主要竞争对手形成差异化。比如人家做窖池文章，我能否在酒体储存上下功夫？考虑：成品包装后（使用能够二次发酵的陶坛包装），再存放6年进行二次发酵，全过程可见证、可溯源追踪，以此思路我们尝试创意一个新的数字品牌如：2190（365天×6年）。

我们还可以考虑利用工序数字进行创意，如四十九道、六十四味、匠心 520……还可以植入情感模式，如 30/50 年 · 幸福时光（纪念定制酒）、Love You 10000 Years，等等。这种品牌命名模式更适合当下正火的“语录体式”情感营销。

第三步：将数字命名植入广告语进行传播力测试，有两个简单的衡量尺度：念得顺口、听得顺耳。

刚才提到“2190”的品牌 slogan 可以是“2190 天，酝一瓶走向醇熟的好酒”；也可以是“用时间等待一瓶好酒，藏足 2190 天”。测试后发现，“2190”这个数字发音有“4 个音节”，在听觉传播看来不够简洁流畅。所以，我们可以对这个数字进行微调 2100 天、2200 天……这类“双音节”数字更简洁顺口。

至于具体用哪个数字，创意者可以根据商标保护、技术支撑、成本控制多个因素去综合考量。再补充一下，是用概数还是确数的问题，概数简洁上口好传播，确数真实可信有力度。价值越高，价钱越贵，产品的数字化品牌越倾向于用确数。

由于数字化能够传递比较精准的信息，可提升品牌的权威感与可信度，所以许多知名品牌采取了“数字化品牌”命名策略，例如：

国窖 1573——窖池历史

17.5°——水果最佳糖酸比

西藏 5100——联想到海拔、冰川与生态

8848——以山峰高度映射品牌与品质高度

360°——面面俱到的安全

有时候数字本身并不构成独立的品牌，而是与中文、英文形成“组合式”“混搭式”品牌。例如：37 度生活、21 金维他、北纬 26 度（酒吧）、172 巷、8 倍水、88 街区、999 车仆、18 渡。

这类命名风格有一定的时尚感，在快速消费品领域比较常见，在申请商标注册时一般可以采用“主副品牌分别注册，组合使用”的策略。

第三节　第三剑：品类占位法

从不同的角度看，同一件商品可以归属于不同的品类。传统的工业式产品视角，经常按材质划分品类，比如碗碟类产品有陶碗碟、瓷碗碟，它们可以与陶瓷制品同列；玻璃碗碟可以放入玻璃制品类别；不锈钢碗碟可以放在不锈钢制品类别。

如果是按顾客思维分大类，从“消费者日常用于盛放食物的器皿”出发，按使用对象进行二级分类，如常规餐用器皿类、儿童类、老年人类（适老化设计），还可以按使用场合进行二级分类，如家庭用器皿、酒店用器皿……

以品类占位法创意品牌，就是围绕一个特定的品类进行创意。下面通过解析一个婴儿饮用水品类式品牌“婴优”的创意全过程来展开说明。

第一步：对号入座，确定自己所在的品类阵营。

品类的对号入座优先基于消费者视角（如使用场景、使用人群等）考虑，这是品牌创意前的顶层设计。

常规思维认为，不就是婴儿饮用水吗？还需要分析吗？非也！按照传统定位理论策略，我们做婴儿饮用水的第一名就好了，再不济做前三名。但这个细分品类市场有如下现状：

（1）截至本书成稿时暂无专属的国家标准，也无专属的行业标准。没有专属标准意味着这个细分品类市场还很不成熟，不成熟意味着机会多，同时也是市场培育期漫长的代名词。

（2）宝爸宝妈们对婴儿饮用水的购买习惯尚未全面形成，婴儿对水的饮用量偏少。这对于快消品的“快销”不是好现象，目前市场容量还比较有限。

怎么办？我们的思路是采用“双核”战略：

（1）品类占位还是继续做婴儿饮用水品类的排头兵。

（2）市场落地（渠道招商、终端推销）则采用品类延展策略，适当地将产品延展为婴幼儿饮用水，即将产品的饮用人群年龄段从0～12个月婴儿期延展到0～6岁的婴幼儿期。婴儿都适合饮用的水，幼儿当然更没问题。

分析已经约定俗成的品类属性，不是多此一举，而是多一层深度思考：我的产品在这个阵营是否合适；品类的市场容量、认知基础、竞争程度怎么样；还有没有其他更适合我的地盘。

第二步：确定品类阵营后，寻找品类关键词，这里提供两个思考方向。

方向1：品类优质关键词联想，如好、优秀、喜悦、快乐等。

方向2：该品类对应的消费者痛点关键词。就婴儿饮用水来说，联合国世界卫生组织、美国、法国其实都有各自的行业标准，对钙、镁、钠每升含量最高值都做出了明确的规定。这其实也对应了很多宝爸宝妈们的关切点，在他们眼中，纯净水并非婴儿饮用水首选，认为纯净水没有“营养”，同时也担心普通矿泉水的矿物质含量偏高，易产生“不良沉淀”（生活惯性认知，非医学常识），或水质硬涩宝宝不爱喝。基于以上问题，我们可以提炼痛点关键词，如微矿力、软矿适等。

第三步：将品类名称与品类关键词进行组合式创意。

方向1：品类名称+品类优质关键词。

婴儿饮用水+优秀→婴优

婴悦、婴乐、宝优……

方向2：品类名称+品类痛点关键词。

婴儿饮用水+微矿力→婴矿力

注：如果组合后的品牌命名测试效果不佳，也可以分解使用。例如：微矿力·婴儿饮用水、软矿适·婴儿饮用水。（测试方法参考第五步。）

第四步：将创意出的品牌名称进行商标检索，如果存在近似的，通过命名换序、谐音等方式进行技术处理。

第五步：对品牌命名进行测试，最终优中选优。

测试一：放入特定的广告语进行传播力测试。

婴优：婴幼儿好水，就是婴优！

婴悦：婴悦矿泉水，悦喝越优越！

微矿力：天然微矿泉，宝宝更给力！

测试二：针对目标客群进行听觉、视觉测试，在不给测试对象任何提示的情况下，分别进行品牌的品类和品质联想。

品类联想：当你听到或看到这个品牌时，你认为这个品牌是什么产品？

品质联想：当你听到或看到这个品牌时，你会有哪些关于产品质量和产品特性的联想，如安全的、舒服的、美味的、高科技的、高档的、某国进口的，等等。

这五个流程走一遍，基本可以创意一个在该品类具备优秀基因的品牌名称。回到婴儿饮用水这个案例，基于品类阵营及品牌广告语传播力测试，最终选择了婴优这个方案。

其他品类占位式品牌示例：澳优（地域品类 + 优质关键词）、感康（感冒 + 康复：品类 + 优质关键词）、桂飞壹号（地域品类 + 优质关键词）……

注：桂飞壹号品牌的创意，同时应用了品类占位法和成语组合命名法。

第四节　第四剑：品类创新法

品类创新法不仅仅是战术层面，更是竞争战略层面。如果围绕现有的品类，创意优质品牌名称的空间不大了，这时就可以考虑自立山头另创品类，为品牌创意另辟蹊径。品类创新的精髓在于：重新自定义市场阵营，利用后发优势弯道超车，变不利为有利。品类创新的方法可参考但不限于“阴阳对位横向切割法”（见第一章第三节）。

品类创新的关键要素：找准新品类的支点，以下二者必具其一。

支点1——强化需求：新品类是目标消费群体尚未被满足的强烈（或迫切）需求。

支点2——升级需求：对现有消费需求进行升级迭代是品类创新的第二源泉。

咨询手记：

2016年年初，深圳某小家电企业计划推出一款自主研发的净水器。虽然该企业有创新的产品和商业模式，但鉴于行业竞争激烈，想要后来居上还缺一个好的市场投放概念。我们将该咨询案的市场洞察全过程总结如下，以便于读者初步掌握品类创新命名法的策略和技巧。

洞察一：传统净水器市场竞争已成红海：舶来品牌以A.O史密斯为代表，国内品牌以安吉尔、海尔、沁园为代表。新生品牌如果没有技术层面的革命性突破，市场成长空间极为有限。

洞察二：大部分净水器解决的是“饮用水”输出，而在当时提供“整体用水”解决方案（即一站式家庭用水，包括饮用水、洗涤用水）的集成型产品还比较少。

洞察三：当时，净水器属于需要引导的非刚需产品，部分消费者对桶装饮用水依赖度较大，认为净水器只是锦上添花。而对于漱洗、衣物洗涤等与皮肤直接或间接接触的用水安全问题，消费需求有待开发但发展潜力巨大，同时关注这方面需求的厂家也很少。

综合思考：

（1）将消费者的“净水需求”升级并强化为“安全用水需求”。

（2）跳出传统净水器惨烈的主战场，通过市场位移、品类创新开辟新战场。

（3）将品类创新上升到品牌战略的高度，将新品类名称直接注册为商标。

基于以上思路，我们重新定义了品类名称——安水宝，同时直接作为品牌名称进行保护（已注册第 11 类商标）。

品牌诠释：

（1）以工业思维诠释：全方位解决家庭用水安全的水源微处理集成型装置。

（2）以市场思维诠释：360°安全用水，家倍健康！

（3）品类/品牌诉求方向：家有安水宝，一身无忧，一生无忧。

第五节　第五剑：文化符号借用法

因为本章探讨的重点是中国式品牌智造的方法论，所以这一剑主讲中式文化符号借用法。中华文明确切载于文字的历史至少有五千年，历史的沉淀流传下无数的人文符号，包括历史事件、神话传说、名流雅士、名胜古迹，等等。

我们认为，在提前规避知识产权风险的前提下，建议品牌可多打文化牌。从另一个角度，这不失为一个以市场手段复兴与传承传统文化的好路径。

我们曾经策划过多个历史文化符号式品牌，节选部分创意过程供参考，读者们可从中领会此法的精到之处。

案例一：九九泥藏/府上臻藏

女儿红是源于浙江绍兴的历史文化名酒，它最为津津乐道的品牌故事是：晋代有裁缝中年得子，孕以为子实为千金，忧心家业难续，略感惆怅。遂将原备庆贺喜酒藏于桂花树下。十八年后有女长成，心灵手巧，甚是惹人喜爱，老裁缝招得高徒为良婿。儿女大喜之日阿爹亲自掘酒，与众亲聚而饮之，赞不绝口……（注：后有经艺术加工的另一版本，员外之女喜得状元郎为婿。）

从这个故事可以看出：一方面，掘土藏酒，是女儿红非常重要的一个文化符号。酒的品味与其储藏环境、储存年份密切相关的认知早已深入人心，如窖藏、洞藏、酒海藏等。而女儿红酒却是泥藏酒的历史文化代表作，具有一定的唯一性。故而我们为泥藏了十八年（二九十八）的女儿红酒创意了一个子品牌——九九泥藏。

品牌诉求：泥藏十八年·只为这一天！

泥藏酒还隐含了专属定制文化，每一坛藏酒都具有不可复制性（表现在藏酒的环境、年限，还有父母对儿女的殷殷期许之情）。确立品牌文化主线——藏酒文化＋定制文化，我们为女儿红黄酒品类又策划了一个姓氏泛定制酒品牌——府上臻藏。基于府上臻藏，从低到高制定了四个不同的消费档位、不同消费场景的子品项系列命名贵府、上品、臻酿、贡藏，从低端往高端子品项中各有一个字串联成品牌名称府上臻藏。同时，对外包装进行准定制化预设，基本可实现“一姓一酒”“一府一酒”，以文化之名，还原产品的优秀基因与专属性。

品牌诉求：×家府上·臻藏佳酿！（注：×代表姓氏泛定制模式下消费者的“姓”，例如：贵家府上·臻藏佳酿！）

案例二：猪无戒

中国人平均每年吃掉约占全球一半的猪肉，中国是猪肉消费大国却并非猪肉品牌大国。国内生鲜猪肉品牌化程度一直较低，只有唐人神、壹号土猪等屈指可数的在全国叫得上号的品牌，品牌成长空间巨大。

无抗猪肉作为生态猪肉中的二级品类，在养殖全过程或某一阶段中不使用任何化学药物、抗生素、人工合成激素，而采用物理、生物的措施作为猪的保健与防病手段。该品类市场潜力巨大，直击煮妇们担心孩子、家人食源“抗生素残留超标损害健康”这一重要痛点。

在品牌命名过程中，我们一改优质农产品“品种化”命名的惯性思维，把目标投向了中国神话著作。于是，猪八戒毫无悬念地入围了。但接下来面临两个问题：一是猪八戒这样的大神级“人物”注册商标几无可能，购买商标更是天价；二是《西游记》中的“八戒”与宗教戒律有关，一般认为是“戒杀生、戒偷盗、戒淫邪、戒妄语、戒饮酒、戒着香华、戒坐卧高广大床、戒非时食”，和猪肉“杀生、荤腥”的天然联想存在冲突，所以还需要做一定的技术处理。团队头脑风暴后精心筛选，将“猪无戒”作为无抗猪肉品类的品牌名称。

物质式品牌诉求：猪无戒，赶跑六大抗生素！

情感式品牌诉求：妈妈爱无界·猪肉选无戒！

接下来，我们以月饼为例，总结文化符号类品牌的创意攻略。

第一步：找到品类特性与历史文化符号的交叉词。

月饼：嫦娥、广寒宫、玉兔、吴刚、蟾宫折桂、桂花树……

第二步：对交叉词进行联想延伸，尝试与产品特点或卖点进行对接。

嫦娥——高颜值月饼、自带仙气的月饼。

广寒宫——高冷范有个性的月饼（产品外观、包装）、不上火的月饼、冰激凌月饼。

玉兔——兔子萌宠系列儿童月饼（嫁接萌宠、卡通文化）。

吴刚——吴刚砍桂树的典故流传较广，但在中国神话体系中吴刚的存在感不强，人们的印象也比较模糊，并非“借力符号”的上选，可从桂树进行延展。

蟾宫折桂——主打教师节礼盒月饼、谢师宴主题系列糕点。

桂花树——小吃类：桂花月饼、鲜花月饼、草本轻口味月饼。

第三步：从文化符号传播原力、与产品卖点的匹配度进行评估，选定符号词。

蟾宫折桂用于主打教师节礼盒月饼、谢师宴主题系列糕点，可以借鉴使用。而嫦娥是月饼类产品最具传播原力的文化符号词，为方便和读者探讨，我们就选它来练手吧。

第四步：从知识产权的角度（商标注册）对文化符号词进行技术处理。

对于有传播原力的文化符号词，要么已经成为很多地方旅游或特色产业的公共品牌资源，要么商标已被其他人收入囊中。所以，有必要进行“来料加工”：嫦娥→嫦相悦、嫦香随、月嫦圆 & 仁嫦美（五仁月饼）、嫦如玉（美容型鲜花月饼）、嫦回家看看（场景语录体式）。

如上述部分命名，文化符号借用法与第一剑的谐音暗示法，在提高商标注册的成功率时，常常需要进行“双剑合璧式”创作，请读者结合具体情况灵活运用。

第六节　第六剑：概念占位法

概念占位法的核心：针对行业痛点，创意一个概念型或技术型名词，并将其注册为商标。商标最好是“文字 + logo 图形”，在设计 logo 时，可采用类公共权威符号风格，以提高可信度。参考“真安叶”商标创意始末：

随着人们饮食的富营养化及健康养生意识的回归，安化黑茶近些年崛起很快，作为发酵茶，在全国各地隐隐有与普洱茶分庭抗礼之势。作为土生土长的湖南安化人，笔者对安化黑茶市场的发展有着更多杞人忧天式的情怀：一是不希望其在产品金融化、模式直销化的道路上狂飙太远，远离了快消品的实质；二是希望产品在市场规模与生产品质之间找到更好的平衡点，试图以个人绵薄之力防止极个别投机厂商从外省收购可能存在安全隐患（如重金属、农残超标）的毛茶，利用压制茶的特点混杂使假、以次充好，败坏安化黑茶声誉，伤害诚信经营的茶厂、茶商、茶农的利益。

本次品牌创意就围绕产品的品质痛点展开，除了专家或“老铁级”茶客，普通消费者对于安化紧压黑茶原料的优劣、来源很难甄别。而这是决定深加工农产品品质的源头，马虎不得。如果这个问题能够解决，并配合产品品牌和产品形态的创新，安化黑茶有望向市场快消化的方向再迈进一大步。

基于以上思考，笔者创意了一个行业标准级的概念：真安叶。这个概念式品牌就很好展开诉求，比如：

（1）润物细无声式的诉求：真叶正源头，安心安化茶！

（2）犀利式的诉求：不是所有的黑茶都叫“真安叶”！（为规范行业预埋话题。）

（3）行业标准式诉求：道地安化茶，认准真安叶！

后续我们希望“真安叶”能够成为安化黑茶行业的一个共有标准，以全程生产可溯源管理＋基因检测＋区块链大数据等作为该标准的技术支撑。作为“真安叶”商标的实际持有人，安化茶协、茶企如有需要，愿献计献策，为家乡黑茶产业健康、蓬勃发展出上一份力。

概念型命名创意攻略：

（1）洞察一个行业的痛点，用动态的眼光看行业、看产品，营销人的主要命题是扩大对人性的洞察，用策略和创意的力量重构市场竞争优势，在群狼环伺的市场中寻求突围机会。参照：对家用指纹锁行业的思考。

家用指纹锁相对于机械锁的核心优势在于方便性，实现了无匙开锁、智能识别。对于指纹锁的安全性，仁者见仁。前段时间流传于微信群的“电子脉冲干扰器非授权打开指纹锁”的视频，让部分想从机械锁升级到指纹锁的用户产生了一定的疑虑和动摇，也让有些已经使用指纹锁的住户心存忐忑。虽然媒体记者和锁业协会已经共同测试证明：正规厂家的产品通过设置后有很强的抗干扰能力，总体是安全的。但是未经严格证实的负面信息一旦扩散，对消费者已然造成了一些负面影响。这可以理解为他们的痛点，如何化解？常规的方法是强调产品是第几代升级，各种现身说法证明其很靠谱。但从品牌创新的维度，我们有一种更省力、更高效的办法，这时候概念型命名就可以派上用场了。

概念型命名可以将产品卖点，通过更高维度的包装上升到技术创新、行业标准升级的高度，当然前提是你的产品能够支撑。

（2）基于行业痛点，优先采用“三字经”或“四字文”创意概念型品牌名称，如黑茶类概念型商标“真安叶”。

回到指纹锁的话题，针对其主要痛点之一：抗电磁干扰能力未知所导致的消费者信心不足，我们可以参考概念型品牌命名：金钟罩、拒磁爆、异磁拒、抗扰神盾……如果你不考虑商标注册，可以作为产品系列命名，融入推广和营销话术。比如本品采用了拒磁爆技术，能够承受N千伏电磁干扰X小时的连续攻击测试……至于具体的技术层面的语言就交给专业人士解决吧。

（3）从品牌保护的角度对概念型命名进行选择与优化，同时可进一步站在“行业标准的高度”打造该品牌。品牌标识设计参照类似行业认证标志调性进行处理，借鉴“真安叶”的图形标识（见图3-1）。

其他概念型命名示例：防电墙（热水器）、新麦醇（啤酒）、净醛

图3-1 “真安叶”图形标识设计示意图

利（家具）。

概念型命名一般以三个字居多，三字语言传播更有力度感，当然也可四个字或两个字。曾经在方便面领域刮起“非油炸”暴风雨的五谷道场，就属于四个字的概念型命名。另外，我们曾创意的“微养”养生啤酒——只要产品能够支撑微养概念，如水源地选择，或配伍养生食材，那么微养就是两个字的概念型命名；如果酒还是那瓶酒，那微养就只是品项型命名。所以，在使用概念型品牌时，产品的品质标准或技术创新要跟得上，否则没有这个“1”，在后面加再多的“0”，都纯属“卖拐行为”。

第七节 第七剑：成语命名法

成语是中国传统语言流传固定后的词组或句式，具有很强的生命力。成语化品牌命名一般都朗朗上口，可更快地缩短新生品牌的市场导入期。

一、创意成语命名主要有4种技法

（1）同音式——将成语中的1~2个字，替换成**发音相同**的行业关联字。例如：

能说**绘**道（以主持人/演讲/绘画为主的少儿兴趣培训中心）
活色生**湘**（新鲜美味的湘菜馆）
面面俱**道**（色香味俱佳的面食）

（2）谐音式——将成语中1～2个字，以**谐音方式**换成产品关联词。例如：

津津**优**味（与盐津铺子同类型的休闲食品）
鱼跃**农焖**（以鲜鱼为特色的农家菜馆）
常来**尝碗**（特色小吃）
千钧**艺**发（精湛的发艺会所）

（3）变形针——将成语中的1～2个字**直接变形**，换成产品关联词。例如：

庖丁**烹**牛（以牛肉、牛杂为特色的饭馆）
多**读**益善（读书吧）
建多**材**广（建材类互联网平台/书籍）（注：源于见多识广。）

（4）组合拳——对两个成语**进行组合后，结合谐音进行再创造**。例如：

贵妃醉酒＋天字第**一号**→桂飞壹号（暗示广西最优质的土鸡品种/土鸡蛋）
大将风度＋**风韵**犹存→大酱丰酝（酱香型白酒或面酱）

二、成语品牌创意过程解析

（1）找准行业特性或产品特点关键词。

（2）根据特性关键词找到几个有一定的匹配度的成语。

（3）对成语参照上述 4 种方法进行改造，得出初步创意。

（4）对成语式命名放入广告语进行传播力测试。

温馨提示：多视角审视可以让创意人逃离自鸣得意的陷阱，刚入行时常会想出一些让自己兴奋得睡不着的大创意，第二天醒来要做系统性策划案时却发现还是有不尽如人意的地方。在创意或创作时，要尽量避免陷入对自己创作的偏好，克服敝帚自珍的天性。（注：敝帚自珍——三国魏曹丕《典论·论文》引古代谚语："家有敝帚，享之千金。"后用来比喻自己的东西即使不好也很爱惜。）

三、成语品牌创意纪实："亮车快马"汽车美容养护中心

某市中心有一家中型汽车美容养护中心——亮车会，主营业务：轿车微修、保养、零配件、美容、改装、油品等。运营一年后，生意不错，创始团队计划启动"直营＋加盟"形式的连锁化扩张。但连锁化很难绕过品牌化，由于该养护中心初创阶段没有考虑品牌保护因素，"亮车会"无法注册商标。当务之急，"亮车会"需要一个新品牌承载其连锁化扩张。

创意还有一个前提，企业 Boss 表示"亮车会"商号蕴含创始团队的情怀，新的品牌要有所延续。其实，抛开商标是否能够注册的因素，"亮车会"品牌联想更倾向于洗车、美容、内饰等较为初级的汽车后服务，并不足以承载企业现有的主营业务，更不要说以后的业务延伸了。

我们经过分析评估，计划在新品牌命名中保留“亮车”二字，此时我们想到了用成语命名法来创意新品牌。步骤详解如下：

（1）从中国成语库中检索所有与“车”或“马”（马是古代车的重要动力组成）有关的成语，优选出和汽车服务市场有一定关联度的成语有轻车熟路、车马如龙、云车风马、轻车快马等。

（2）我们先对优选出的成语进行含义分析、行业匹配。

▲轻车熟路：车轻便、道路熟悉，貌似更适合出租车、网约车等。

▲车马如龙：近似车水马龙，形容车很多，有生意很好的口彩，但无法呈现带给客户的核心价值。

▲云车风马：出自《乐府诗集·郊庙歌辞一·练时日》，后指神仙的车乘。神仙座驾？定位太高冷！何况有传诵度更高的“风马牛不相及”在前，不管作何解释，横竖这不是好词，产生不了太积极的品牌联想。

▲轻车快马：有车又有马，也能联想到车的速度、性能。在中国古代（战国前）车和马的关系，如同当代汽车“底盘及车身”同“发动机及电气设备”的关系。该成语被列入优选目标。

（3）接下来再对成语进行改造，与特定关键词进行“合体”。“快马”没有问题，主要是“轻车”存在歧义。“轻车”的有利联想有给车洗洗澡（换机油、发动机滤网等），让爱车轻装上阵；不利联想有老司机的惯性认知中，车身重一些、用料讲究些更安全平稳，尤其是在跑高速时更能抵御横风。因为“轻车”也存在安全方面的不利联想，所以就对它进行重点改造。

于是将“亮车会＋轻车快马”合体后，就有了新品牌：“亮车快马”。

该企业创始人现场采纳了“亮车快马”这个品牌创意。为求万无一失，我们又创意了另一组中英文命名备选品牌“百浪（Bwaves）”，一并提交商标注册。现该企业已经拿到这2个商标的正式证书，为连锁化品牌扩张吃了一颗定心丸。（注：中英文品牌命名方法详见本章第十节西为中用法。）

主题延展：

谚语、歇后语式品牌创意技法基本上都可以归于此类。品牌命名的口语化也是未来趋势之一，由于好的商标资源拥有相对的稀缺性，未来注册 2 ~4 个字的有特定含义且能够凸显产品特点的商标，难度会越来越大。谚语、歇后语式字数灵活，例如基于“棒打狍子瓢舀鱼”“野鸡飞到饭锅里”这样接地气的民谚进行再创作，也可以让品牌创意突破固有的四平八稳式的字数定式。

第八节　第八剑：热词借力法

一、在讨论品牌创意技法前，我们先厘清两个问题

1. 为什么要借力热词

热词，不管它是出自主流媒体，还是源于各类自媒体，都自带了一定的流量。借用热词就是省广告费，让新品牌一出场就能“混个脸熟”，拥有更高的市场起点。

2. 哪些行业、哪些情况下更适合借力热词

并不是所有的行业和产品品牌都适合“蹭热词”，大家先看看那些年我们追过的热词。

2008 年度十大网络热词：打酱油、宅女、宅男、做人不要太×××、叉腰肌、囧、槑、雷到、雷人、山寨等。

2012 年度十大网络热词：你幸福吗、元芳你怎么看、高富帅、白富美、中国式××、××Style、躺枪、正能量、压力山大、赞等。

看过这些热词，我们一起来小结一下：

（1）有些情绪化太强的金句型热词，如做人不要太 × × × 并不适合做品牌，有违反公序良俗之嫌。

（2）热词都存在一定的流行周期和生命周期，虽然生命周期长于流行周期，但语过境迁难免就有过气之感。就像“叉腰肌”一词，如果不是曾经热爱足球的60后、70后、80后，估计很多人都不知道这个笑点了吧？所以热词型品牌更适合快速消费品或讲究产品快速迭代的行业。

（3）热词品牌注册商标不易，容易“撞稿”。热词一般都伴随一些突发性事件爆红，有很强的随机性。你第一时间想到的可能别人也会想到，如果只是比谁下手快，商标申请因为“撞稿”导致商标黑暗期风险大增。

二、热词借力法品牌创意 3 步走

第一步：建立素材库，找出近期（比如近 5 年）所有的网络热词、流行语。

第二步：将产品特性与热词之间做一个关联，有强关系也有弱关系。例如：

真给力，适用行业/产品。强关系——功能型饮料、健身器械……弱关系——投资理财、培训机构……

先记下来，因为即便是弱关系，也可以通过变形针转换为强关系。

第三步：巧用变形针将热词为我所用。运用得最多的还是谐音法，因为能够广泛流行起来的热词一般都具备天然的口语特质，大多属于听觉型词汇。

我们来看一个热词品牌 3 步走的案例——泥懂得（复合有机肥料）。

第一步：看这个品牌，大家可能第一时间想到“你懂的”，这个词原是英文“you know”的翻译，兴起于2008年、走红于2010年，后成为网友之间私享干货的网络隐语，至今使用频率不低。

第二步：如何让“你懂的”和有机肥之间产生关联。创意团队首先想到将“你”（nǐ）替换成“泥”（ní），两字同拼音异声调，切换十分自然：你懂的→泥懂的。

第三步：对“泥懂的”中第三个字“的”，创意团队又有新的思考。“泥懂的”只是陈述一个事实：泥土是很懂肥料优劣的，但是该有机肥肥效长和锁肥紧的卖点又该如何体现呢？所以，尝试将“的”改为“得”，取“得到”之意。

3步走核心词：你懂的→泥懂的→泥懂得。该新品牌自带动作画面感。

品牌诉求：泥懂得有机肥，长效得肥硬道理！（注：本案例来自朴&研机构。）

三、实战演练——基于用户思维进行热词借力法品牌创意

热词借力法有别于产品思维命名，是基于用户思维的产物，热词金句原本就是从群众中来，以品牌形式再回到群众中去。借鉴网络热词金句的句式风格，我们将其嫁接到一组大米的品牌创意中，将其与产品化命名风格进行对比。

1. 产品思维命名品牌示例

产地型：北大荒、鸭绿江、百年寒地。

品种型：越光BL、泰清香。

品质型：金佳、柏阳生态。

2. 用户思维命名品牌示例

（1）多吃一碗范

诉求方向：妈咪走心范，多吃一碗饭！

基于消费者痛点洞察：在孩子精养化、食源多样化及零食泛滥的大背景下，孩子对主食大米的食欲就明显下降了。因为米饭能供给孩子成长发育阶段身体所需的营养，是益气提神的天然食材，孩子们不吃饭或吃饭少成了很多妈妈的痛点。

该品牌创意对应第二章第二节《文案创意的 8 大人性按钮》的按钮 5“照顾和保护所爱之人”，是基于用户思维，满足妈妈们对孩子健康成长的殷切期许。

（2）无菜嘢香米

诉求：无菜嘢香米，白饭也能吃两碗！

基于消费者悦点洞察：对于好吃的饭，消费者有一些非常简单朴素的甄别方法，这种方法可能存在于大多数人的儿时记忆中。你们已经多久没有吃过不用下饭菜也能吃上一大碗的白米饭，为何不能重拾这种宝贵的舌尖记忆？所以，“无菜嘢香”的命名就是基于这个洞察点的产物。

以后会涌现出很多“不像品牌的品牌”，它们看起来更像一个广告短句。看到这种品牌不用感到诧异，因为它们原本就脱胎于能够直击消费者大脑心智的一句话，或是一个潜伏已久的常识，天生自带广告音效和销售能量。

趣味测试：

2018 年度十大网络热词（国家语言资源与研究中心发布）依次为锦鲤、杠精、skr、佛系、确认过眼神、官宣、C 位、土味情话、皮一下、燃烧我的卡路里。

大家可以做两个小测试：一是思考一下上面哪些热词适合再创造为热词型品牌；二是尝试用这 10 个词写一篇叙事流畅、逻辑清晰的短文。这样既可以锻炼我们对热词的敏感度，还可以强化将离散信息进行有机聚合的能力。

以下撰文供参考，相信你们可以玩出更多出彩的“热词雅集”。

你说锦鲤为何没有锦鲤？纯属杠精！我skr你的较真，不过你以前一直很佛系的呀！确认过眼神——你真的看过他们的官宣吗？你的这个大礼包都可站在C位领奖了！就当你对“小鲤”说的土味情话吧！皮一下不要紧，毕竟抬杠也是可以燃烧卡路里的。

第九节　第九剑：拟声法

传播专家爱德里安·诺斯、大卫·哈格里夫斯基等人曾在英国一家酒类商店开展过一项测试：在测试周期内，他们交替播放来自法国和德国的背景音乐。在同样时长的消费时段，发现在播放法国音乐时段，法国酒的销量是德国酒的4倍；而在播放德国音乐时，德国酒的销量是法国酒的3倍。声音对一个人消费行为的引导能力，由此可见一斑。

在当下小视频类广告蓬勃兴起的语境下，我们更应该重视声音的力量。常见的拟声式品牌有当当网（电商）、嘎吱脆（薯片）等。如何让你的品牌一出场就“自带背景音乐”，霸气侧漏？试一试创意一个拟声式品牌吧。

实战案例：我们曾创意过哆蕊咪童装品牌，现将全过程分享出来供大家参考。

既然是童装品牌，我们希望能够多一些童真元素。过去很多童装走的是卡通化品牌路线，如巴拉巴拉、蓝猫、史努比、小猪班纳等。这类品牌的优势是本身自带流量，也很好做传播内容的扩展。但现在用这种方式操作新生品牌的门槛已然不低。首先，想借力热播剧抢注优质品牌资源基本行不通了，因为内容制作商们的品牌意识很强，对有“主角光环”的卡通形象（名字）基本会提前进行全品项商标保护，对具备衍生产品开发价值的细分品类也会进行大量布局。如果自创一个卡通式品牌，然后再围绕这个品牌做内容、做流量，此路漫漫且不确定性很大。

所以，对这个童装品牌命名的创意，我们想跳出常用的卡通思维，尝试借鉴“ABC KIDS”的品牌创意思维。ABC KIDS是中国十大童装童鞋品牌之一，虽然视觉识别系统（VIS）中出现了“小顽孩”卡通形象（见图3－2），但ABC KIDS仍然是其识别符号的核心。他们既然能将全世界人最熟悉的英文字母作为品牌符号，我们能否选择一个全民性的声音或音乐符号作为品牌呢？如果说ABC是英语启蒙的第一步，那么通用简谱发音“do、re、mi”不就是音乐启蒙的第一步吗？

图3－2　ABC KIDS卡通形象

基于这个思路，我们对“do、re、mi”这组拟声符号进行了汉字谐音转换——

哆（do）蕊（re）咪（mi）。

市场slogan创意：

招商篇：轻松加盟哆蕊咪，老板轻松多来米！

终端篇：宝贝爱唱do re mi，妈咪爱选哆蕊咪！

参照这个案例，你也试着创意一个自带音效的拟声式品牌吧！

拟声式品牌创意攻略：

第一步：找到相关的“拟声词”。

以休闲食品为例：

直接关联的声音，例如：

打开包装的声音：唰啦……

咀嚼食物的声音：嘎巴、嘎巴……

喝水吞咽的声音：咕咚、咕咚……

间接关联的声音，例如：

以儿童为主的童趣型拟声词：叮叮、呱呱、嘿哈……

以青少年为主的口语拟声词：爱游（矮油）、我去、弹弹弹、Yoho……

第二步：将拟声词与产品形态、特点做嫁接，创意品牌命名。

供参考创意：嘭嘭爆米（花）、叮叮冬（儿童羽绒服/内衣、冬季护肤品）、呱呱脆（威化饼）、呱呱克（瓜子）、爱游我趣（电游）、弹弹弹（QQ糖）、Yoho趣玩（游乐中心）……

第三步：基于商标注册对品牌命名进行调整或优化。

如果将创意的品牌名进行商标注册存在近似风险，我们可以采取加减字、谐音字转换等方法进行调整或优化。同时考虑对拟声式品牌进行编曲传唱，以加强品牌的应用与快速传播。

注：2018年10月，北京市高级人民法院终审判决，认定腾讯公司申请的“嘀嘀嘀嘀嘀嘀”声音商标具有显著性，支持QQ提示音注册商标。这是我国商标法领域经司法判决的首例声音商标案件。由此看来，声音商标也已经成为品牌们的必争之地了。

创意小贴士：

拟声式品牌还有一个重要的创意素材库——动物鸣叫声，如大家比较熟悉的马蜂发出的“嗡嗡嗡”，著名的米高梅公司的“狮子吼”。拟声式品牌的优势就是未见其人先闻其声。建议在听觉型广告中，围绕拟声品牌制造一段有高辨识度的声音，让品牌与声音形成强链接关系，如同电视剧

《天龙八部》中乔帮主出场“自带”的背景音乐……观众闻之无不心潮澎湃。

第十节　第十剑：西为中用法

评判一个品牌是不是100%的“洋品牌”血统，“仁者见仁，智者见智”。这里仅从营销的角度探讨如何运用“西为中用洋品牌”策略进行品牌创意。

一、“洋品牌”创意的三大流派

艺术流。越是艺术的，越是世界的。欧洲英伦+环地中海国家是创意“洋品牌”的主战场，比如欧洲文化复兴（14—16世纪）时期的艺术名人、名画、名著也成了“洋品牌”创意的主要源泉（MONALISA蒙娜丽莎）。

技术流。在产品领域，某国拥有较强的核心技术实力或产业链综合优势，如法国的红酒与时装、德国的啤酒、日本的经济型轿车……某些知名物产（不仅限于工业品）的海外原产地，不可复制的自然环境或深厚的技艺传承等。

文化流。以创始人特有的文化理念，以及企业/团队文化所赋予的品牌基因。“RIO锐澳”鸡尾酒，品牌名称源自首席调酒师（创始人之一）的家乡——里约热内卢热情洋溢的狂欢节，里约热内卢（葡萄牙语：Rio de Janeiro，意即“一月的河”），简称里约（Rio），还有“Mark FAIRWHALE马克华菲”时尚服装品牌……

二、西为中用的“洋品牌”有三种格式

第一种：英文单词首字母简写。

例如：我们曾为一家台资集团全程策划企业形象设计（Corporate Identity System，简称CIS），它们的英文品牌“VIZ”就是源于Vision（远见）、Innovation（创新）、Zeal（热情）三个单词的首字母。

第二种：直接用英文单词，如需注册商标可再进行组合、变形、再造。

组合。“Mark FAIRWHALE马克华菲”就是以设计师张肇达的英文名字Mark+尊贵美丽（fair）+深海鲸鱼（whale）组合命名的品牌。

组合+变形+再造。苹果旗下的一款耳机，就是根据ear（耳朵）+pod（荚）“组合+变形+再造”成为新的命名“EarPods”，意为入耳式耳机。

组合+再造。美国止汗体香剂著名的百年品牌Odorno（奥多诺），就是一个“组合+再造”的新词，odor（气味、臭气），no（不、拒绝），Odorno——拒绝臭气！

看来我们眼中洋气雅致的英文品牌，其实也蛮粗暴直接的。换位思考一下，你会使用类似“赶走臭气”这样的词语做你的香水品牌吗？

第三种：英文单词+音译中文，即找到和产品关联的单词，再和音译后的中文进行组合，稍作处理即可使用。

参考1：一家美发店想要用“fashion·时尚”作为品牌，但时尚这个词用得太多有点审美疲劳了，我们可以将英文单词做一些音译后的谐音处理，另取一个能够与之呼应的中文名称和其组合使用，效果可能更好，如fashion·菲型、飞丝等。

参考2：security（安全的），如果用于医疗产品，比如鼻炎药品，口服的可以用中英文组合名security·适克优睇（安全的、舒适的、克

制鼻炎、舒肝明目）；滴剂的可以用适克优滴。如果是用于小电器类的产品，则更适合用思科优特。

参考3：beautiful（美丽的、美好的、极好的），如果是开美容会所的，中英文命名可以用beautiful·碧优肤（碧玉般的肌肤），或陛优夫（陛下般的享受，美丽的女人必得一位优秀的丈夫）；如果是服务于宠物，可以参考比特福（以比特犬为代表的狗狗的福音）。

以上找了大家比较熟悉的三个单词辅助说明对“英文单词+音译中文”格式的品牌如何进行创意，有兴趣的读者可以从《英汉大词典》中找一些高大上的单词来练手。

创意小贴士：

“英文+中文”格式的命名如果都简洁、有力、直接当然最好，但“Coca-Cola可口可乐”这样的黄金搭档式品牌可遇不可求。为什么？因为不是所有的企业都具备“自造品类”，并将品类品牌打造成大众通用名词的能力。这时候可以退而求其次，将重心放在中文命名上，在用词的行业关联性、品质暗示性上做文章。因此，有些纯正的“洋品牌”在入乡随俗上做得不错。

奇异果（猕猴桃）的网红品牌——新西兰佳沛（ZESPRI），其中文命名并没有采用“直接音译”（泽斯普瑞），而是采用了“近似音译”（佳沛），中国风十足，让人感觉不像是个舶来品牌。佳沛品牌和奇异果产品结合后的自然联想：好的、水分充盈的、食用后使人活力充沛的奇异果。所以，随着国人文化自信越来越强大，品牌命名从“西风东渐”向“东风西渐”发展也是可以预见的。

笔者观点：只要不是虚构产地、有品质和技术支撑的“国产洋品牌”，中西合璧也是无可厚非的，算是国际化语境下品牌文化基因的一种跨界。

第十一节　第十一剑：品牌故事法

品牌创意之第二剑（数字符号法）和第六剑（概念占位法），走的是理性路线，立足于产品本身证明它“物有所值”或“物超所值”。如果有硬实力，当然可以碾压竞品；如果不具备硬实力，“媒婆式”的感性路线——嘴上功夫就可以派上用场了。

一个小伙子不高不富不帅，这个时候媒人不宜向姑娘直接透露他的缺点，而是要看媒婆会不会“讲故事”了。

身高不高？可以卖过去：篮球高手，曾是中学校队主力。收入不高？没关系，可以卖未来：目前是一家正在推进上市的集团公司的中层管理人员，持有公司期权，对标他们行业××公司的估值，未来股权价值可达 N 百万元。颜值不高？那就避实就虚。如果男士偏胖，媒婆会把他塑造成宠妻狂魔，敦厚稳重之士；如果偏瘦，将其包装成为精明能干、浪漫细心之士。

策划人、文案人贯穿整个职业生涯的未尝不是在干着媒婆的“生计”，唯一的区别是媒婆最终希望的结果是“男女成双结对”，而策划人的理想则是让品牌成为“消费者成群结队、粉丝团投怀送抱”的赢家。

所以，媒婆告诉我们品牌故事很重要，因为谈恋爱谈的就是一种感觉，有技巧的故事可以堆砌一个人，也可以美化甚至神化一个人。这一点我有点佩服“依云式”的品牌故事。

1789 年夏，一个法国贵族不幸患上了肾结石，难以治愈。当时正流行喝矿泉水，他决定试一试。有一次，他来到阿尔卑斯山下的依云镇，饮用了当地的泉水，并坚持了一段时间，不久竟发现自己的肾结石奇迹般痊愈了。这个奇闻不胫而走。专家们随后对泉水做了专门分析，发现里面富含各种对人体有益的矿物质，从而用科学的事实证明了依云水的疗效……

这个故事还有其他版本，如患癌症老夫妇版。不管是肾结石还是癌症，通过喝矿泉水能否不治而愈属于医学范畴，不作过多评论。但通过品牌故事的包装让人们随之入境，变得感性起来，不再纠缠于“水贵于油”的现实与水体本身的物理成分，这种避实就虚式的品牌文案策略是我们借鉴的重点。

我们也曾经策划过巴马系长寿概念产品，发现决定健康长寿的因素是多方面的。例如：长寿遗传基因、水质、空气、地磁场、相对的高海拔、饮食结构、知足常乐的心境、适度且有规律的运动、孝顺的家庭与和谐的邻里关系等。适度地包装品牌故事，可以避免推广陷入“纯科普式”的说教陷阱。

实战案例：“昆记安红”背后的品牌故事——1915 年巴拿马金质奖章茶获奖逸事。

很多茶客可能没想到，为安化茶叶夺得至高荣誉的并非安化黑茶，甚至不是安化绿茶（如安化松针），而是安化红茶。经权威考证：安化烟溪是 1915 年巴拿马金质奖章茶“昆记梁徵辑”红茶的原产地，该奖项在安化茶史上具有唯一性。基于这一支撑，我们创意了“昆记安红”商标，并借鉴相关史料对品牌故事进行了扩展演绎，摘录如下：

昆记茶号是安化历史上最悠久的茶行之一，前身可追溯至清朝乾隆年间。其间山西茶商兴起，以张家口长裕川、长盛川、大玉川、大昌川四大茶号为代表，将安化黑砖茶、百两茶销往内蒙古，安化红茶则走陆上丝绸之路远销俄、英等国家。昆记茶号创办人梁氏曾为晋商采办之一，系安化烟溪马缮市人。马缮市与苞芷园、小淹、云台山等地并列为优质的“安化六洞茶”产区。清嘉庆十年前后，梁氏联合约 30 位安化茶农自发成立“昆记茶场”，昆取“茶中昆仑，开枝散叶”之意，寄望茶场枝繁叶茂，蒸蒸日上。

1854 年，安化工夫红茶创制成功。清同治年间（1862—1874），昆记茶号推出梁徵辑系列安化红茶。1915 年，昆记梁徵辑安化红茶在巴拿马万国博览会上一举夺得金质奖章，系安化茶号在此次盛会获得的至高荣誉。从此安红代表湖红，奠定了与祁红、建红三足鼎立的繁荣局面。

（注：昆记梁徵辑安化红茶获奖实录，有兴趣茶友可参考巴拿马太平洋博览会监督陈琪于 1917 年出版的《中国参与巴拿马太平洋博览会纪实》。）

创意小贴士：

很多走传统文化路线、打历史底蕴牌的产品，其品牌故事、文化符号、品牌名称往往是统一的，比如女儿红。

品牌故事创意法往往围绕故事核心要素，如年代、地点、人物、奖项等，从中提取品牌创意关键词。将品牌故事作为品牌的重要战略支点，借助多种途径进行强化，如围绕品牌故事的文学作品、影视剧、衍生文艺品、“网红景点打卡地”塑造等。

第十二节　第十二剑：人·物性格法

有情感表达、类人性格特点的角色品牌，包括广告 3B 原则［美女（beauty）、动物（beast）、婴儿（baby）］中的 Beast，如盒马鲜生、三只松鼠……这种命名符合品牌人格化、性格化、IP 化的发展趋势，已渐从全网蔓延到线下，有望成为传统实体店新生品牌的主流创意手法。

一、人·物性格品牌的定义

品牌命名不再单纯是产品的物理标签与法律屏障，更多的是一个“人”，或一个有着人化性格的“物”，我们且将这类命名定义为人·物性格品牌。这个人·物，可以是动物，也可以是被赋予生命与性格的物品，比如小米、苹果、马蜂窝等。

二、人·物性格品牌的优势

可将品牌名与品牌形象（如卡通、玩偶等）合二为一，智造 IP，承载与消费者沟通的使命，成为一个与粉丝同喜同乐、同笑同哭、价值观趋同、趣味相投的人·物。这个有血有肉有性格的人·物，可持续输出符合当下市场的诸多内容。例如：动漫形象输出、个性语录及对话体输出、真人角色扮演（Cosplay）、话题营造等，不断地丰满、活化品牌形象，将传统简单的商品交易关系转换为粉丝对明星偶像生活方式的追捧行为，以及意见领袖与朋友间的分享行为。虽然商业交换的实质不变，但至少很多消费者感觉双方的关系不一样了。

因为人·物性格品牌对应万千世界已有的一人一物、一花一木，品牌天生具备原型原力；在 VIS 设计上可直接借用大脑中已有的认知符号，以实现品牌形象跨国界、跨语言环境的无障碍传播。

三、人·物性格品牌的塑造攻略

品牌塑造模式：我们可以理解为当下的人·物性格品牌属于用户或粉丝驱动型，品牌塑造从传统的自上（供应端）而下（消费端）的单向思维模式，演变成品牌与消费者双向互动的共建行为模式。

品牌塑造阵地：人·物性格品牌是当下很多电商化产品的主流品牌

形式，大多以电商、微商、直播等线上渠道作为营销主阵地，形成强势 IP 后转战渗透线下，夯实品牌基础。当然也有部分从个人品牌升级而来的传统品牌，如陶华碧老干妈，这类品牌更值得尊敬的是它们的坚持与坚守。因这里重点探讨如何从创新层面再造“人·物品牌”，对于传统个人式品牌不作分析。

品牌塑造形式：人·物性格品牌的塑造是一种共建行为，由此可以衍生出各种表达形式，打造这类品牌可以向芭比娃娃学习。芭比从初创到今天，其衍生产品几乎做到了纵横无疆。纵——把握美国各时期女性自我意识和独立性格觉醒这一主轴，从泳装女性到上班女郎、“睡美人”少女时代、20 世纪 80 年代的运动劲装风、21 世纪的珍藏怀旧系列、当下的多职业女性、邻家女孩等。横——芭比娃娃几乎包揽了各时期文体明星的主流装束。

品牌塑造内容：芭比的成长史给我们一个启示，如果将品牌人格化，她虽然不会变老，但她需要不断成长，衣着、语境、道具和粉丝的互动方式都要与时俱进。

在人·物性格品牌塑造时，我们需要解决如下四个问题：

（1）人·物是什么，即人物属性的设定。例如：一个喜欢幻想又有些傲娇的二次元萌宠 98 后女生。

（2）人·物穿什么，即人物外形的设定。例如：发型、服装、配饰、道具等等，能够构成人物身份标签和个性锚定的外包装。

（3）人·物说什么，即人物语言的设定。例如：语言的风格、情绪、内容设计。

（4）人·物做什么，即人物的行为模式。例如：故事设计、线下场景与 Cosplay 互动设计、公益活动的选择与参与形式等。

四、案例分析

很多爱吃水果的朋友都知道莱阳梨、库尔勒香梨、肥城桃、石门柑橘、灵山荔枝、田东杧果……但对各地名产水果中能叫得出牌子的却没有几个。当然这个“锅”不能完全由水果营销人来背，水果生产的标准化程度不足，以及口感和产量的不稳定性，都是水果界明星式品牌稀缺的主要因素。不过，这几年也有个别表现比较抢眼的国产水果品牌，比如“褚橙”。

“褚橙”打造的就是人·物性格品牌。虽然“褚橙”品牌的成功具有一定的不可复制性（试想褚老这样一位既富传奇色彩又有超高端朋友圈的企业家，不要说水果界，农产圈也没有几人吧），但这也不能成为水果在品牌建设方面裹足不前的借口。长尾理论告诉我们：没有这20%质的高度，但可以去找那80%量的厚度。（注：虽然褚老个人跌宕起伏的人生鸿篇已然谢幕，但相信“褚橙”留给我们的甜蜜记忆、品牌印记及对于企业家精神的深刻思考，将继续鼓舞营销人探路前行。）

微案例1：我们将上述思维嫁接到一个沃柑品牌的创意

随着网络直播产业的成熟、小视频的兴起，很多“新晋网红”都在寻找各种流量变现的渠道。我们可以优先选取和沃柑产品特性比较匹配的网红进行品牌和渠道的双驱合作。目标网红关键词：专注新“三农”领域、女性未婚、颜值天然质朴、形象甜美者更佳、全网粉丝10万名以上。

接下来需要创意一个品牌，能够完美地兼容沃柑品牌和美女网红品牌。经过头脑风暴，我们认为甘甜是沃柑的主要口感特点（甘甜度：可溶性固形物13.3%，可滴定酸0.58%），将这一核心USP与美女网红这一人物相结合，就有了“甘妹子”这个人·物品牌创意。

微案例2：牛奶人·物性格品牌创意

我们为某乳企储备了一个人·物IP品牌——乃先生。乃先生的原型是一个有点小贱萌、喜欢小恶搞的暖男卡通形象，他身上兼有海绵宝宝、灰太狼、大白三个卡通人物的影子。

乃先生的场景语录设计见表3－1。

表3－1　乃先生的场景语录设计

消费场景	乃先生语录体
早餐佐餐奶	没人抚慰你的心？我来安慰你的胃
女性专属木瓜奶	男人的胸怀是被委屈撑大的，女人的胸怀是被乃先生……
男性运动补钙奶	亲近乃先生，远离“奶油男”
儿童成长奶	最关心你学习的乃先生，最关心你成长的乃先生

乃先生互动设计见表3－2。

表3－2　乃先生互动设计

线上（APP）	乃先生碎碎念——全家趣喝奶 分时段提醒、家庭成员精准品项推送
线下	乃先生玩偶杯、地铁/商业潮地真人卡通秀、快闪活动等

小结：

品牌创意十二剑的十二大技法间并没有十分严格的边界，比如谐音法既可以单独成招，也可以是其他品牌创意手法的“后工序”——为增强品牌名称与产品的关联性所用，或为提高商标注册的成功率所用。文化符号借用法与品牌故事法也可以交叉运用，有些品牌故事流传时间长、群众基础好，故事往往来源于某些历史文化符号。还有部分创意招式没有一一收录，读者也可以自开脑洞。建议大家创意时不必拘泥于形式，最终达至无剑胜有剑、随心畅想、俯仰皆拾的创作大境。

第四章　品牌创意商业应用

第一节　商号命名攻略

第三章已经和读者介绍了笔者总结归纳自成一派的品牌创意十二剑，那么在品牌领域还有一个板块，和我们常常理解的产品品牌存在一定差异，那就是“商号”。

一、商号和商标（品牌）有什么不同

（1）其实商号算是另一种形式的品牌，但管理机构不同于商标，商标属于国家知识产权局下辖的商标局管理，而商号归属企业所在地工商局管理。

（2）商标和商号的功能也有所差别：商标是商品区分于其他商品的标志，而商号是用于区分企业与企业的标准。

（3）商标可以采用数字、图形、拼音、颜色和英文字母等组合的形式，而商号一般只能由两个以上的汉字组成（中国以内）。

（4）商标在一定区域、一定类别、一定时段（一份商标证书的有效期限正常是10年）内具有唯一性，而商号的主体名称在不同的区域（前缀），或在使用不同后缀时可以存在雷同。

比如我注册了“农副特”第35类、第36类商标，在中国的其他个人和机构都不能在同类别注册“农副特”商标；我可以对该商标在注册范围内授权连锁加盟使用。而我在工商局登记了“广西农副特投资有限公司”，那么其他人仍然可以依法工商登记“××（如湖南或长沙）农副特投资有限公司”，也可以依法工商登记“广西农副特产品销售有限公司”。（注：这里的“依法工商登记”是指商号名称符合企业所在地工商局的登记条件。）

二、创意商号的主要误区

作为策划人，我们经常收到朋友（或朋友的朋友）的委托，帮忙创意企业商号。因为有不少朋友是初创企业，预算有限，较少单独付费，一般我们也是为后续合作预埋伏笔。创意的过程往往愉悦而高效，众多备选去工商局核名也不是问题。因此，在企业商号命名这一方面，我们还是颇有心得的。为了助力需要注册商号的读者少走弯路，在此将企业主创意商号命名的主要误区总结如下（注：理念因人而异，请勿对号入座）：

误区一：过于执着自我。很多人在创意商号时加入了过多的个人喜好，比如将自己的、配偶的、小孩的名字恨不得全部融入商号。这样做的益处是一开始就对品牌倾注了较多的个人感情，有善始善终的初心。但是，并不是每个人的名字都适合做商号，既要符合行业特性，又能符合目标客户择优心理的商号才是好商号。企业名称打上过多的个人烙印（已有一定品牌价值的姓名另当别论），容易让人产生纯家族式企业或个人工作室之感，对企业以后的发展格局可能会有一定的制约。

误区二：过于苛求完美。有些企业家苛求商号与产品品牌保持一致性。从理论上说，商号与产品品牌保持一致性可建立较为统一的品牌形象，提高产品的可信度，节约传播成本。但在难以兼顾的情况下，建议不必强求合二为一。企业商号是相对固定的；但产品品牌可以顺势而为，顺应于市场的消费升级、技术迭代、外观创新等。后续可以通过母子品牌或主副品牌相结合，以解决商号与产品品牌融合的问题。

误区三：过于追求易理。有些企业主对商号命名要求五行、生肖、数理，甚至流年飞星等面面算到。如果从“易理”层面选择了一个不错的名字，但是与行业毫无关联或生僻拗口，从而失去了一个好商号应有的“自己会说话”的优秀属性。当然，我们并不否认五行、“易理”的文化民俗价值，至少对于笃信者来说，如果经过权威大师指点过的商号，能产生较为积极的心理暗示作用。

误区四：过于粗浅轻率。创立商号前应谋而后定，至少需要参考4个因素：商号与行业有无内在或外在的关联性；商号能否产生优秀或优质联想；商号的口语化、听觉化传播有无明显障碍（如拗口、生僻、不良谐音等）；商号能否承载企业未来的发展。对已经存续且有一定市场基础的商号，即使不尽如人意，也不要轻言放弃，建议通过对商号品牌进行定位升级或诉求优化，以弥补缺陷，甚至化不利为有利。

三、实战案例

案例一：某地产公司商号优化实战

我们曾为一家房地产销售代理公司提供品牌策划服务，其商号主体——屋雅，行业关联度、字面联想度都挺好，但在谐音上有少许不利联想。鉴于企业发展和客户口碑都不错，如果更名可能会面临商号品牌资产的流失，于是我们提出了以下两个策略进行优化：

策略1：基于屋雅创意一个英文组合式辅助商号，将商号谐音向有利于企业的方向引导：屋雅——woo（争取）+yes（肯定）→WooYes!

该辅助商号作为置业顾问与客户共勉、传递信心的口语，以及自我激励的口号，每天晨会必用，取得了很好的鼓舞效果。

策略2：创新品牌诉求，以挖掘、强化屋雅商号内涵的优秀文字基因。

屋雅——有雅量，置非凡！

参考该商号品牌优化后的视觉创意设计（见图4－1）。

图4－1　屋雅地产品牌优化视觉创意图

案例二：某财务公司商号命名实战

一位朋友想成立一家财务公司，主营业务为代理记账、代办公司注册等，后续会向财务审计等更高阶业务拓展。由于公司处于起步阶段，我们建议商号最好简洁、直观、紧扣核心业务，这样在推广时相对省力。

围绕其业务定位，我们为其创意了“财翼商务”这个商号。理由有三个：其一，比较直观，符合其业务定位，一看就知道和财务有关；其二，念起来朗朗上口，与“才艺”谐音，无不良发音联想；其三，品牌好诉求，品牌广告语可以带上商号一起玩：财务轻松外包·助翼中小企业。

案例三：某中草药生产企业商号命名，其产品治疗鼻炎和眼疾（多个备选方案）

××医典生物科技工程有限公司

××南方草本生物科技有限公司

××南部灵草生物科技有限公司

××优草集生物科技有限公司

××佰草集生物科技有限公司

综合上述分析和案例展示，奉上我们原创的“商号命名罗盘”，供读者收录、运用（见图4－2）。

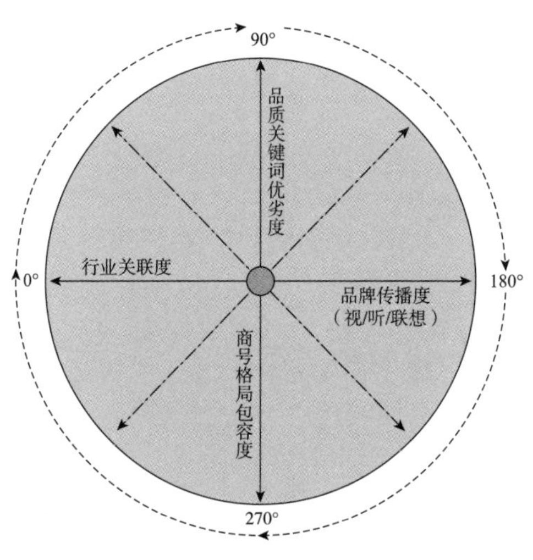

图4－2　企业商号命名罗盘

模型解读：为商号建立一个360°的罗盘，其中有四个象限：商号命名以0°为起点，一是评估“行业关联度”；二是评估“品质关键词优劣度”；三是评估“品牌传播度”（视觉、听觉、联想）；四是考虑“商号格局包容度”（商号格局能否适应企业发展壮大）。虽然我们很难创意一个360°完美的商号品牌，但如果这四个象限的评估刻度相加总和能够达到180°，那也算是一个很不错的商号了。当然，无论多好的商号，都必须以满足企业所在地工商局登记注册为前提。

第二节　价值百万的中式餐饮连锁品牌塑造

中式餐饮知名品牌海底捞火锅上市了，真功夫当年如果不是因为股权问题折戟也差一点上市。但凡在产品标准化方面有突破的中式餐饮，成长性都非常好。

真功夫算是中餐标准化的先行者与推动者，原系“双种子”蒸品借力本土著名策划机构，嫁接中国传统功夫文化，实现了品牌与形象的华丽转身。因为功夫文化不仅仅是数千年中华传统文化中不可缺位的存在，也是具备全球输出能力的文化产品。功夫的英文单词“Kung Fu”就源于李小龙的创造，真功夫的品牌符号也对李小龙的形象进行了巧妙嫁接。

一、实战案例

我们曾策划过一个蒸式餐饮品牌，借此解析品牌塑造的各种技法。

该客户原系当地实力酒商，投资人雷总商业嗅觉敏锐，“八项规定”出台后迅速转战新餐饮。为了快速开业拥有市场影响力，拟定以原有酒庄会所为基础进行功能升级、形象改造。在进行品牌定位与创意前，我们团队将思考聚焦如下：

（1）原会所陈设多为古船木桌椅、红木长台，品牌命名需考虑现有装修风格，回归传统，顺势而为。

（2）与真功夫对标，尽量创造出一个在品牌传播基因上不输于真功夫的品牌。

第一个问题好解决，第二个问题难度有点大。毕竟真功夫这种既体现蒸式餐饮属性，又借力强势文化符号的品牌可遇不可求。在和雷总沟通的过程中，我们发现他是一个有当代孟尝之风喜欢广交朋友的实在人，也是一个狂热追求美食的人。所以，很多朋友都说他这个人“很实在”，做餐饮一定也很实在。

那么，人家做功夫文化，我们何不做“口彩文化”（**品牌定位：阴阳对位法**）？口彩文化为“阴”；功夫文化为“阳”（详见第二章第五节逻辑闭环文案之易经八卦掌）。

口彩关键词：很实在→真实在！

真实在：【zhēn】【shí】【zài】

蒸食寨：【zhēng】【shí】【zhài】

“真”和“蒸”韵母一个是前鼻音节，一个是后鼻音节；“在”和“寨”的声母一个是平舌，一个是翘舌，它们在读音上差别不是很大。最后，我们将连锁品牌命名为：**蒸食寨。（创意技法：谐音暗示法。）**

蒸食寨既体现蒸式中餐行业属性；品牌气质和店内传统古朴的氛围相契合；品牌文化也与出品质量无缝对接。雷总当场采用该方案，并敦促我们立即提交商标注册。

品牌广告语：蒸食寨，味健康！（创意技法：初出江湖，广告语带上品牌一起玩。）

蒸食寨总店刚刚开业，主动上门咨询加盟的客户络绎不绝。餐厅满月小聚之时，我们问投资人雷总：“你觉得蒸食寨这个品牌值多少钱？如果现在有人出 100 万元买这个商标，你会卖吗？”雷总思考了 5 秒钟后，非常坚定地说：“目前品牌值多少钱我不好说，但给我 300 万元也不会卖。”

产品概念：我们对蒸品中的汤盅（zhōng）产品，根据食材属性、养生功效划分为“金、水、木、火、土”五大类别，在标准化中餐领域力推“五行膳养”概念**（创意技法：借用传统文化符号之易经五行）**，产品概念推出后，明显地提高了汤盅类高毛利产品的点单率。

logo **创意：**logo 里面植入了两个原型符号，分别是“水蒸气”和“炖盅盖”，强调产品的蒸品属性与健康烹饪理念。**（创意技法：符号借用法。）**

附上笔者蒸食寨 logo 的创意手稿（图 4－3）及蒸食寨 logo 设计效果图（图 4－4）供大家参考。

图 4－3　蒸食寨 logo 创意手稿　　**图 4－4　蒸食寨 logo 设计效果图**

菜式命名：

农家三宝：薯粉丝、腐竹丝、野生黑木耳丝“三丝合蒸”肉末饭。**（创意技法：蹭歌名《吉祥三宝》＋变形针）**

闺蜜小排骨：菠萝甜酸排骨饭。**（创意技法：借力热词“闺蜜”。）**

卤欲有约：卤味拼盘饭。**（创意技法：借力名人栏目《鲁豫有约》＋谐音法）**

鸭寨粉：土鸭老汤粉。**（创意技法：借用文化符号“压寨夫人”＋变形针）**

……

在产品开发方面，我们和客户也进行了深度合作，对烹饪配料、餐品搭配、品控过程均提出系统性方案。餐厅只用了短短三个月时间就迅速地渡过了生存期，实现盈利，走向稳健经营。目前已在某省会城市开店 5 家，稳步成长，店店火爆，午高峰、晚高峰一座难求。

从蒸食寨中餐连锁品牌的塑造过程来看，品牌系统的包装可以采取多种策略、技法、工具，并进行整合运用。

二、品牌 logo 创意攻略

logo 设计是品牌塑造的一个重要环节，虽然看似属于设计师的工作，但好的设计是基于策划理念、创意思路，并将之转化成为图形成果，实现华丽一跃的关键步骤。

对于贴近大众消费的初创型品牌，建议 logo 最好“带上品牌名字一起走”。通过具备原型能力的图形符号植入与嫁接，实现 logo 图文一体化。所谓的原型符号，就是自然界、生活圈中已经存在的事物，这个事物的识别具备广谱性，大部分人都能认识，可大幅度提高品牌的视觉辨识度和传播力。

举两个简单的例子：耐克的“钩”标志，在西方人眼里可能是古希腊胜利女神翅膀的羽毛；在中国人眼里可能是“钩钩”，代表正确的；在运动人士眼中可能代表速度。苹果手机的 logo 是一个“被咬掉一口的苹果”，对这个符号的具象理解不管是非洲朋友，还是因纽特人估计都不会有什么差异。

这两个 logo 的视觉设计策略方向并没有绝对的孰优孰劣，关键看你的 logo 适合哪种玩法，对中小品牌或初生品牌而言，其视觉形象设计建议可以相对具象、直观一些。

第三节　“一名惊人”之住宅地产案名

地产案名作为地产推广的主题内核，可为项目精神赋魂、为价值点睛、为价格加分，所以经常是地产营销人思考的重点战场，兵之大事，不可不察。

一、浅谈住宅类地产项目案名与项目整合营销的关系

选锋：凸显项目地段、硬件、软件素质等核心价值点。

点题：可为项目整体营销、整合推广提供主题契领。

共鸣：案名语言调性与项目气质（建筑形态、外立面风格、园林

主题等）形成共鸣、共生效应，利于目标客户更快地与项目产生精神链接，“意趣相投”对号入座。

拔高：拔高项目定位，支撑产品溢价，满足业主心理需求（群体归属、身份标签、自我炫耀等），正所谓“取上上得其上，取上得其中”。

二、案名创意的四大源泉

案名创意素材主要来源于：产品之硬件素质、软件素质；地段之先天禀赋、后天赋予；客户需求导向、竞品/类品导向。前四个属于项目本体所拥有的，后两个属于外部导向。下面主要阐述前四大源泉。

1. 产品之硬件素质

容积率、绿地（化）率、建筑风格、车位配比、楼间距与通透性、梯户比、入户大堂等共用空间配置、户型设计（房间周正性、得房率）、层高、精装交付标准或毛坯品质标准、园林体量/主题/构景、水系、社区公共活动空间、泳池会所配套……

2. 产品之软件素质

开发商品牌价值（知名度、美誉度、推荐率）、产品性价比与置业门槛、物管服务水准、信息或智能化管理水平、社区居住氛围营造能力、两点一线（售楼部/样板间/看房通道）打动力、营销中心服务接待水平、销售团队专业素养……

显然，产品素质卖点很多，如果感觉单一的卖点难以支撑起整个案名，可以考虑用一个统合式的概念或名词来聚焦产品素质，进而创造出以产品为核心的产品思维案名。例如：开发商名·翰林美筑、至美馨园、520 公寓（以层高数据来演绎产品相关硬件、软件的价值标准体系）。

3. 地段之先天禀赋

房子作为不动产，从这个角度来说，世界上每个地产项目都是独一无二的，这种独一无二性就是李嘉诚先生说所的地段。地段的唯一性既有项目所在地块的先天禀赋，也有后天城市化进程的赋予物。先天禀赋包括江、河、湖、海、溪、涧；山、丘、林、洞；地质构造；经纬度、小气候（温度/湿度/日照/空气指数）……

由于项目各大先天禀赋要素具有很强的不可复制性，要么是一个城市或者是区域的地理标志，要么是具备一定的不可再生性的自然资源，所以在地产案名创意中这类题材最常见。参考几个先天禀赋式“地段思维”的案名：开发商名·银滩蓝湾、邕江华府、七里乡涧、北纬22°等。

4. 地段之后天赋予

城市文脉（包括区位印象、人文及历史资产、城市居住氛围等）、人工湖（河）、路网、交通枢纽、教育资源、市政公园、场馆、生活半径内商业配套、社会治安与安全感、城市/区域文明程度、民俗文化、医院及康养设施、周边地标型建筑物……

项目的后天赋予，可以理解为配套，但又大于配套。因为一个地段的文脉资产和公共资源，很多非数十年之功可以配置。它们和项目本身的软件共同构成了住宅不可或缺的“大软件、大人文”。参考几个后天赋予型“地段思维”案名：开发商名·师苑翠堤、运河东壹号、孔府书苑……

地段禀赋和产品素质也可组合共创案名，如半山华府、公园尚筑、江滨智园等。

三、住宅地产案名创意的7大策略

为方便读者结合实际场景进行创作，进一步细分住宅地产案名创意的7大策略（见表4－1），可根据各自项目的优势或卖点侧重参考。

表 4－1　住宅地产案名创意的 7 大策略参考表

创意源泉	命名策略	主要策略背景	参考案名
产品硬件素质	凸显产品本身亮点	在户型设计、高科技建筑运用、园林规划等方面有明显优势或重要创新	未来城、千千树、城市魔方、智立方
产品软件素质	依托母品牌或自身成功项目	开发商品牌成熟度高 历史项目在当地有良好的口碑	奥林匹克花园系列、万科・17 英里
地段先天禀赋	强调自然生态优势	项目离城市中心较远的别墅类产品，或项目依傍城市知名的江、湖、山、海资源	西山美墅、青山一号、太湖雅筑、那片海、九溪十八岛、野鸭湖
地段后天赋予	突出地段优势	项目地块在当地/区域具有很强的稀缺性 附近有市民/目标客群熟悉的地标型建筑物或其他重要公共配套	虹口嘉苑、外滩 16 号、钓鱼台七号院、麓山墅
	主打文化人文牌	建筑风格与外立面具备较明显的地域文化气息或时代特征 项目地占据本城重要文脉资源 临近知名教育、学府资源	乐府江南、五象学府、左岸香堤、荷塘悦舍、A－Ztown・爱这城、荣和・桃花源著、常青藤・书苑
客户导向	客群细分法	专业地产，如养生养老、候鸟旅居等 针对特定人群较小体量项目，如青年公寓 借助特别群体拉动项目销售，如名师楼	光耀全球候鸟度假地、宜养小镇、798 青年城、蜂鸟社区、童乐园、ME 女生公寓、师塾小院
竞品/类品导向	借力/借鉴同行项目	更高阶的城市具备影响力外溢效应的项目； 同城市场反应热烈的明星红盘； 同城或同区域板块一线品牌房开发成功项目	汤臣一品→康城一品、HI・现代城、晓・SOHO

这 7 大策略也可以交叉融合使用，如“先生的湖”，就是结合了“文化（人文）＋自然资源”命名法；“万科・17 英里”属于“母品牌＋人文”命名法。

四、住宅项目从客户需求和购买力定位分类

住宅项目从客户需求和购买力定位，又简单分为刚需/改需宅品、豪宅产品、墅级项目。

刚需/改需宅品案名创意相对更务实，主要围绕出行（地铁/路网）、教育、区位和产品品质展开；豪宅产品相对务虚，豪宅案名主要围绕身份标签、生活仪式感、综合品质展开；墅级项目案名主要围绕稀缺性、由富向贵的家族使命感、人居理想的终极自我实现。具体参考第二章第二节文案创意的 8 大人性按钮，读者可根据项目价格定位与人群定位，把握创意洞察方向与案名的风格调性。

由于真正属于塔尖的豪宅系产品属于少数派，刚需/改需类宅品市场占比较大，是案名创意的主战场。所以下一节，我们继续探讨住宅地产项目新组团或老货新推之子案名创意方法，以及相关文案延展策略。

第四节　住宅地产子案名创意

在住宅地产项目推售过程中，不管是对新组团的包装，还是老货新推再焕新形象，经常会涉及项目子案名的创意。根据我们的经验，有以下两个主要思考依据：

（1）子案名和项目主案名形成一定的呼应关系，可以是案名文化基因的呼应，如以中式对中式——九棠府·梨园；或是项目特性的呼应，如生态旅游大盘——桂林印象·漓园。

（2）从命名上拔高新组团的立意，营销、赢销，先赢后销，好的子案名既要借主案名之势，又要趁势而上，营造产品升级或稀缺的项目新印象。

接下来，以一个实战案例对项目子案名的升级式定位、创意及核心

文案演绎全过程，和读者进行简要分享。

项目背景：“南城学府”地处某省会城市南部潜力新区核心板块，各种高配乃至豪配的生活、教育、公园、场馆、路网交通等配套逐步落位成熟。该项目的南组团销售情况良好，去化率近 80%，拟借热推出北组团。北组团地块面积超过 90 亩，大园林、宽楼距，周边建筑物普遍较为低矮，登临本项目可“一览众山小”。北地块相对南地块更接近多所学校，含该市一所排名 TOP3 的著名中学，北组团新品推售主打学区方向。

命名策略：

（1）基于主案名及本阶段围绕“教育资源”的主要推广方向，考虑借势借力、高举高打，实现“教育大盘”形象的区域占位。

（2）除了教育，子案名最好能够包容、统合北组团的其他主要价值点，如 8 万平方米超大园林、项目周边及本体低密度、宽楼距的产品卖点。

综合这两个策略方向，“南城学府”北组团主推子案名创意——**北大苑**。

围绕子案名的推广延展：初定子案名后，对于后续的推广演绎，建议进行先发散、后聚焦的思考。就像高手下棋至少要向后推演 5～6 步，看能否走得通、走得顺，文案工作也是如此。后续我们需要考虑：新组团定位及推广主题、核心价值点提炼、基于子案名的系列文案演绎及契合新案名调性的形象画面主色等。参考表 4－2。

表 4－2　围绕子案名的推广延展

主案名＋子案名	南城学府 · 北大苑
新组团定位	南城枢纽 · 地铁优校区 · 宽景大苑

续表

新组团推广主题	主标 1（统合多价值点方向）：**城南大红利·正兑北大苑** 主标 2（聚焦产品升级方向）：**学府进阶北大苑**
广告副标（系列）	**全龄优学府 6 大红利来** 区位红利·交通红利·配套红利·教育红利·品牌红利·溢价红利
销售信息	**北大苑升级推新 98 平方米秒变大四房**
VI/主画面主色系	方向 1：红色为主，呼应品牌主色系，同时配合红利释放这一推广策略主题 方向 2：项目板块大实景宽图，链接现实与未来想象，烘托热烈的市场氛围
十大价值点梳理	①近南城 N 所小学、M 所中学 ②15 班品牌幼儿园 ③90 余亩独苑 ④11 个足球场大园林 ⑤800 米互通双地铁站 ⑥5 大全龄休闲广场 ⑦2000 平方米恒温泳池会所 ⑧98 平方米秒变大四房 ⑨五纵四横畅爽出行 ⑩三年获评“国优”的一级物业（附资质证书）

回顾一下：项目北组团案名北大苑，统领整体文案的还是案名中的“大”字，这就是刚才所说的“走一步棋，多看几步”。因为房子这种大宗固定资产，尤其是住宅类的，准业主最终出手肯定是对产品多个要素、多个卖点综合评判比较后的结果。既然是多卖点，如何以一种更清晰有力的逻辑关系整合它们，整体发声，形成相对统一的传播合力和销售口径，是我们在创意项目案名前就需提前考虑的问题。在此，就是运用第一章第四节所阐述的“时间轴”策略，可收可放、可顺可逆，方能创意出有利于文案延展和销售立意的好案名。

第五节　“一名万金”之商业地产案名

商业地产选址、定位、推广、运营的复杂性，要远超住宅地产，主要体现在住宅地产的主流收入模式就是“卖房”；而商业地产以物业增值及经营/运营收益为主要投资动力，盈利来源包括销售获利（如产权式商铺）、经营收益（租金、运营提点、商业管理费用等）、物业增值（自持物业增值及租金水平提升）。商业地产开发流程的复杂性，决定了其对项目定位及案名选取有着更高的考量。

商业地产按体量、业态、辐射能力，可基本分为城市级商业、区域级商业、次区域级商业和社区商业。由于城市级商业（如万达茂、天河城购物中心）大多数采用直接导入成熟商业旗舰品牌的策略，基本不需要再进行案名创意。本节主要探讨区域级商业（含次区域级，如中小型主题商业、特色街区）和社区商业（配套底商）的命名策略、方法。

一、区域级/社区型商业地产创意命名的主要特点

1. 时尚感更强

由于传统电商及社交电商对实体商圈的分流和转移，中型/小型主题商业地产项目对快速定位消费人群、树立商业形象有着较高的要求，所以命名可以适当出新、出奇，以达到先声夺人的效果。参考几个比较有创意的项目案名：COCO PARK、in 99（该项目门牌号为1199号）、牛街18、10AM新坐标。

除了中文（或英名）和数字的组合形式，中英文合体也是商业地产案名的主流形式之一，即一个辨识度较高的英文单词，匹配一个能够体现商业主题或风格的中文式音译。这种命名方式可以较好地兼容商业形象的国际范与商业品牌的本土化识别，如 more mall · 猫茂、MORE FUN · 西大魔方。“中英文组合式”或“中/英文 + 数字式”商业地产案名，在视觉或听觉上的辨识度和时尚感更强一些，案名的组合形式当然也没有绝对的孰优孰劣，前提是契合商业的形象气质与主力业态定位。

2. 主题更聚焦

商业主题既可以呼应主力业态，也可以对应主流目标消费客群，有

利于投资者、经营者、消费者对号入座，不管是产权销售、租赁招商，还是开业后的拓客引流，都便于资源聚焦、集中发力。

二、区域级/社区型商业地产品牌创意的两个主要思路

1. 以主力业态命名商业地产

为了提高商业档次，可以和主力业态对应的强势地域品牌进行嫁接。例如：台岛风情美食街、新马泰跨境 GO、第 51 区科幻城、798 创意小镇、HongKong 孕婴童世界……

实战演练：

某地旅游开发区准备以“清明上河图”局部复原建筑为主体，开发文旅题材的商街综合体，聚合文创古玩、特色仿古风餐饮、儿童游乐场（以角色扮演主题还原宋都文娱活动场景）、影视摄影基地、网红打卡地等多种业态。按传统项目命名思路推广案名多半会是清明上河街，既呼应了商业主题，又能借力名画巨作。

但是问题来了，因为案名中有“清明”二字，虽然有宋史学家站出来辟谣说此“清明”非彼“清明节”，说的是“政治清明”。张择端曾担任翰林图画院皇家御用画师，有此歌功颂德之举也说得过去。如果试图通过解释和科普，告诉大家此画的历史背景“不是清明时节（踏青节），而是政治清明的北宋汴京街景盛况”。如此解释虽接近史实，但传播成本较高且增加了招商的不确定性，毕竟大多数投资人还是会有些“避害趋吉”心理的。基于这样的思考，商街命名可以考虑以下两个方向：

（1）继续在名画上作文章，取其口彩，如故宫博物院所藏原作真迹宽度为 528.7 厘米，以此为灵感可以考虑案名为宋街 · 529。配合案名形象广告语：宋街 529，快乐不思蜀！

（2）根据该画绘制大致年代，找一个喜庆吉祥、朗朗上口的年份，案名可以是宋街 · 1118。配合案名广告语：穿悦千年盛景，再现宋都

繁华！

2. 以主流目标消费人群命名商业地产

例如：东方维纳斯·女人大世界、青年篮球PARK、童乐HI街……

实战案例：

原项目定位：×城国际大酒店+住宅小区沿街底商（酒店+社区型商业）。

市场简析：某省会城市近郊县，全县常住人口约45万，属资源型县市，旅游资源较为分散，流动人口不到常住人口的15%，当时该县市中高档酒店客房平均入住率不足60%。市场痛点：当地文娱型产业经营分散，体量偏小，停车不便，体验感较差。

调整策略：调整原计划拟建的星级大酒店的功能定位与建筑规划。基于原项目地块，构建立体型、体验式大型娱乐产业综合体，将其他体量较小的分散型业态重新规划布局于住宅底商，作为该综合体的补充商业配套，实现客源共享、相互促进；以一站式主题产业综合体填补当地市场空白，从社区型商业升级至次区域级商业。

商业案名创意：Happy Mall·东方欢乐城（商业中文案名与其住宅案名“东方国际”形成品牌合力）。

商业概念主题：360°快乐产业综合体。

主题诉求：唯有爱与快乐不可辜负！

东方欢乐城业态规划示意表，见表4-3。

表4-3 东方欢乐城业态规划示意表

楼层	业态规划	层高/米
22层	高档空中餐厅	5
17~21层	精品酒店	3.5×5
16层	SOHO公寓	3.5
11~15层	LOFT写字楼	5×5

续表

楼层	业态规划	层高/米
10层	青少年才艺中心	4
9层	健身中心、瑜伽会所、台球馆	5
8层	咖啡厅、西餐厅	4
7层	量贩式KTV	4
6层	电子娱乐城、网咖、电游竞技	3.5
5层	国际影城	8
4层	儿童城堡	4.5
2~3层	精品生活超市	5×2
1层	中庭、时尚购物岛、酒点大堂	5
负1层	地下停车场	4.05

第六节　“一名定鼎”之工业地产案名

工业地产的政策性极强，各种土地政策、租售补贴、财税优惠、产业扶植政策能否落地，是工业园区是否具备可持续发展能力的关键。而这些政策往往是地方经济发展规划与国家战略或产业规划交融的产物，所以工业地产的命名是带有一定“政治性”的，这种命名的“政治性”主要体现在如下三个方面：

1. 是否符合国家级战略规划（如一带一路）或重大新兴产业扶植发展方向。

2. 是否能够为城市（地区）产业升级、城市品牌形象提升产生助力并加分。

3. 是否能够促民生、增就业，符合绿色环保、可持续性国内生产总值（GDP）发展的新政绩观。

一、工业标准厂房园区项目实战案例

我们曾策划过一个工业标准厂房园区项目，节选为其进行项目定

位、案名升级的部分内容，希望为有志于工业地产的企业家、策划人抛砖引玉，提供一些借鉴和思路。见表4－4。

表4－4　工业标准厂房园区项目策划

策划要素	原方案	现方案
产业定位	某市棚户区厂房改造承载型园区	东盟现代制造业产城综合体
产品定位	标准厂房	面向全球的一站式智造业生态港
项目案名	力海·强达综合产业园	东盟工港
推广诉求	高配厂房基业长青	拥世界智造聚东盟工港

二、工业地产项目定位/命名攻略

1. 案名定位要适度拔高

如果说住宅地产案名基于产品定位可拔高0.5～1个档位，工业地产则可考虑拔高1～2个档位。主要原因是工业地产项目要赢得政策的“聚势效应”，在案名定位与品牌形象方面，塑造成为区域产业升级的先行者或引领者显得更重要。

2. 产品理念要适度超前

工业地产的产品理念能为项目命名提供物理支撑。一般来说，工业地产的招商运营周期更长，企业进驻并形成产业群聚优势效应，往往需要数年甚至十数年的时间。所以，在产业业态规划与产品理念创新方面，既要接地气，又要有适度的超前性。我们在2014年上述项目提案时，提出了供应链级智慧服务（SCS）工业园、柔性智造产业园（ISO）的产品理念，最终助力我们在广洲、深圳、桂林的6家公司提案竞标中胜出。（注：柔性智造产业园（ISO），涵盖开发理念、产品形态、交付标准与运营支撑四个方面的标准体系。）

3. 推广概念要适当创新

工业地产和住宅地产类似，在推广中都会面临多价值点聚合传播的命题。所以，我们可以考虑围绕案名创意一个核心推广概念。比如中国制造 2025，是中国政府实施制造强国战略的第一个十年行动纲领。我们可以基于这个战略衍生一些新概念、新内涵。例如：基于“工港”与“中国制造 2025”的结合，可以衍生类似“工港升级 2.5”的招商概念。具体概念诠释如下：

2——智创·生活“双核四驱”工业生态港。

5——融资、孵化、人才、智库、政策，五力合一，全程护航。

撰文后记：

本章分四节阐述了住宅地产、住宅新组团、中小型商业地产、工业地产项目的定位策略与案名创意。虽然我们认为开发商主品牌背书能力和项目选址，是地产项目营销决胜的重要双核，但案名创意在营销要素中属于“巧劲”范畴，稍加雕琢就可以起到四两拨千斤的效果。所以，希望本章的技巧与案例，对地产营销人有所帮助，希望为你的项目赢在起跑线，在市场中创造叫好又叫座的业绩襄助一臂之力。

第七节　域名创意之“金米七技”

除了商号与商标，品牌创意还有一个比较小众的领域——域名。虽然现在智能手机已经分走了电脑 Web 端大量的流量，但官网一直是很多企业对外宣传的标配，说官网必谈域名。

据报道，小米曾花 360 万美元购得现在的主域名“www. mi. com”；京东商城花了 3000 万元天价才将域名“www. JD. com”收入囊中。现实情况是想要两全其美并不容易，大部分企业不太可能花高价购买与公司名称具有同一性的“. com”网站域名。除了退而求其次采用“. cn”或“. com. cn”等其他后缀的域名，我们为大家归纳了 7 个域名创意技法，简称“金米七技”。欢迎各网站建设服务商和企业主，以及米虫们（域名投资者）围观参考。

一、数字谐音技

世界上对数字谐音最在意的可能是中国人，在域名创意中可以充分利用这一数字情结。然而数字简短（3～5 位）且“尾号”吉利的域名已属于稀缺资源，那么我们可将贴合业务宣传的广告语进行“谐音转译”，创作相应的数字域名。例如：531919（我想要酒要酒）、17818（一起发又发）、10177（邀你一起吃）、804148（帮你试一试吧）。

二、中西合璧技

关于“英文字母＋中文拼音”组合式域名，曾有一个挺火的中文社区网站“中国人——ChinaRen. com”。这种形式的域名比较符合中国人的拼读习惯，而且可以规避纯英文短域名难以注册或纯拼音域名拼写过长的问题，不失为另辟蹊径的办法。

笔者曾为某物流交易网“够快网”创意的域名“goubuy”，即以中文“购”的拼音（Gou）＋“买”的英文（Buy）进行组合。再看几个即兴创意的中西合璧技域名：Mymygou（买卖狗——狗狗交易网）、lovenong（爱浓网/爱农网）、jubar（聚吧）。

三、单词符号技

创意策略：首先为企业品牌确定一个核心字母符号，然后将之与行业名词（单词）相结合，行业名词优选常用或常见单词。

实战案例：

慧谷猎头是珠三角知名猎头公司，拟对其品牌 VIS、招聘官网进行全面提升：结合慧谷猎头自身优势，品牌定位调整为“成功率更高的猎头品牌”；在品牌形象设计中，我们选用了鹰图腾（以鹰的迅速、敏捷、成功率高等特点呼应其新的品牌定位），同时对鹰图腾作进一步的抽象化、符号化处理；再将英文 hunter（猎头）与 victory（胜利）的首字母“V”符号相结合，重新创意了一个英文组合式品牌：huterV；从而就延展出“www. hunterV. com”这个网站域名；品牌 logo 设计见图4 -5。

图 4 -5 慧谷猎头品牌 logo 设计

从这个案例我们可以看出，域名是企业品牌在网络环境下的延伸，通过核心符号的共用，可以实现线上线下品牌的合力。

四、数字 + 字母技

2001 年，在人们疯狂抢注简短字母 + 数字域名的时代，初入职场的笔者听一位互联网的前辈说：“以后数字 + 字母组合式域名将成为网站域名的主流形式。”近 20 年过去了，该类域名虽然未能成为主流，但确实有不少类似的网站已经打响名头。比较有代表性的有 hao123. com、51job. com、ku6. com 等。

“数字 + 字母”域名一般来说会用上数字的谐音，如 51 既可解读为“无忧”，也可理解为“我要”。在简短的纯字母、纯数字国际顶级域名稀缺的前提下，“数字 + 字母”组合式域名识别性好的优势就体现出来了。

我们来看两个即兴创意的数字字母技域名：

88YG：爸爸衣柜——成熟男人的优衣柜！

53sleep：我想睡。适用于催眠服务、床上用品、酒店业。

五、巧用后缀技

由于网站数量爆炸式增长，较为简短的以“. com”“. cn”为后缀的主流域名显得有点不够用了，以各种区域式、行业式简写为后缀的域名相继涌现。虽然它们撼动不了“. com”“. cn”等主流后缀域名的地位，但是域名和后缀的结合，为很多新兴互联网企业、新生网站的域名创意提供了灵感。著名的线上外卖平台“饿了么”，域名“ele. me”就是巧用后缀的经典案例，在“. com”域名当道的网站群中实现了域名及网上品牌的个性化突围。

巧用后缀个性化域名创意演练，仅供参考。youshow. tv（YOU秀电视）；wuliu. ren（物流人）；tuzhu. wang（土猪王）；China. red（中国红）。

六、借势借力技

找到一个居于行业领先地位的网站，模仿其域名字母结构或谐音。虽然有山寨嫌疑，但不失为后来者扩大网站影响力的一种手段。在网站中文命名、logo设计上应把握好尺度，避免构成对其他商标的近似侵权。

互联网知名安全公司奇虎的域名，即源于对雅虎的借力，“qihoo”与“yahoo”拼写结构、发音都有很大的近似度。

借力域名创意示例，仅供参考。Sohu→Sohoo（搜虎网）；tmall→tgou（天狗网）；JD→JinXi（金喜/惊喜商城）。

借势热点事件型域名案例：笔者曾抢注过一个国际顶级域名，即www. zhujianqiang. com（猪坚强），适用网站方向为励志类、兽医兽药类、牲猪养殖类。

七、域名象形技

象形式域名主要是借用字母或数字的形，通过对网站logo的设计实现域名与网站内容定位的关联性，从而达到一种谐趣的传播效果。供参考域名创意：doob - shop→无线耳机网店；lool→内衣；0755U→深圳U 形锁；shao2→烧鹅/烧鸭……

关于域名投资的思考：笔者结合自身创意及投资域名的经验和米友们聊两句。进入移动互联网时代，接入互联网的终端设备及内容寻址方式的极度多样化，网站域名价值的整体弱化是一种必然趋势。但域名作为企业品牌在互联网上的延伸，还是一种不可或缺的存在。

域名的最初价值是和数字式的 IP 地址相对应，简化输入、方便识别与记忆。移动互联网时代，人机交易方式变了，除了触摸屏大量分流“IE 地址栏键盘输入式”访址，还会有语音式、体感式等新的寻址方式。与此同时，域名后缀持续多样化，也进一步稀释了域名本身的投资价值。笔者建议：除非能够提前布局某一重大事件（比如类似珠穆朗玛峰重测高度），或提前抢注非知名潜力企业/产品的主流后缀域名，否则单纯的域名投资有风险，“买米”须谨慎。

第八节　个人品牌之“一分钟自我介绍”

一分钟自我介绍，主要考验一个人的语言逻辑与信息提炼能力，还有面对公众时的自信与台风，是很多企业新人的必修课。在以下三个场合应用比较多：

（1）面试时对 HR 或面试官的自我介绍。

（2）入职时的自我介绍。

（3）团建活动时的相互熟悉了解。

接下来以新人入职为场景和大家分享，怎样速拟一分钟自我介绍，塑造个人品牌。

一、入职自我介绍的三大目的

（1）让所有同事对你的名字留有深刻印象，因为这是你的专属标签。

（2）表达个人特长与爱好，更快地融入团队。

（3）明确自己的职业发展方向和成长目标，获得领导与同事的帮助。

提示：如果是求职面试，也许你只有一分钟的机会！

二、自我介绍如何“一名惊人”

入职自我介绍，名字很重要，大多数人平铺直叙，错失了“一名惊人”的机会。姓名是每个人的个人品牌，同产品品牌一样，需要有一个契合自身职业特点的定位，甚至需要一句朗朗上口的推广语。我们来看看关于名字的自我介绍：

姓名：江泛—岗位：文案

原描述：我出生的那一年，刚好老家发大水，江水泛滥，故取了这个名字。

点评：既然是从事文案工作，尽量让自己的名字和更美丽、更美好的事物产生联想。

优化建议：我父亲特别喜欢唐诗的意境，所以为我取名为江泛。江泛一孤舟，独钓寒江雪。

姓名：黄伟波—岗位：销售代表

原描述：我叫黄伟波，黄河的黄、伟大的伟、波涛的波。

点评：这样的平铺直叙无亮点、难记忆。名字中的三个字如无直接的关联，可以用一句“推广语”把它们串联成一个整体。

优化建议：我叫黄伟波，黄河很伟大，波涛入海流。相信我的加入可以为公司海量的市场贡献一股澎湃的力量！

随机挑选几个名字，让大家借鉴一下“姓名包装学”的文案思路，见表4－5。

表4－5“姓名包装学”的文案思路

姓名	岗位	姓名描述
马晓眺	专职司机	我叫马晓眺，如同一匹骏**马**，每日拂**晓**时分，我必**眺**望初升的太阳。言胜于行、忠于职守是我多年的工作风格
丁大海	程序员	我叫丁大海，是程序员队伍的一枚新**丁**，公司**大**家庭就像一片**海**，相信我能在此“海阔凭鱼跃”尽展所长
李艳芬	会计	桃**李艳**，留**芬**芳。我叫李艳芬，专业精湛、口碑第一是我的职业准则
郭　意	培训讲师	我是郭意，我的目标是做培训界的**郭**德纲，让那些“只可**意**会”的实战技能变得“可以言传”

三、1分钟自我介绍文案

我叫黄伟波，我的名字其实很好记：黄河很伟大，波涛入海流。我来自湖南，大学刚毕业不久，学的是工商管理专业。之前在上海一家电商公司实习，对互联网行业有一些粗浅的了解。现在从上海回长沙工作，也算“本土海归”吧！

工作中，我喜欢钻研，下班后偶尔会组织一些同事、朋友去运动。篮球是我的最爱，在球队我经常打小前锋，团队意识和集体荣誉感都很强。性格方面，朋友们都说我比较敦厚踏实，但是人缘还不错。作为一名刚刚走向社会的大学生，在有些领域还需要大家的指导和帮助。相信我的加入，能为公司的销售业绩贡献一份鲜活的力量！

第三部分 

文案创作实战篇

导读：以实战为文案砺锋

在翻开“文案创作实战篇”前，笔者先和大家简单聊一聊职场人、创业者所处的这个大变局时代。原来不同行业的壁垒、不同职业的边界及不同场景的文案应用，正在以加速度的姿态进入跨界大融合时代。

传统文案人在新的传播语境下如何求新求变，创业者如何在文案创作中平衡高效率与低成本，如何通过实战心法快速打通创作的“任督二脉”，吃透此篇，或许你能够找到一些答案。因为本篇将涉及传统广告文案与新媒体文案的碰撞、企业内部文案与对外商业文案的勾兑、平面广告文案与富媒体文案的链接……本篇将结合众多实战案例，分门别类地阐述各种文案创作工具、技法攻略，以加快实现读者们创作技能的进阶。

第五章　广告文案创作实战技法

第一节　DM 单张、三折页文案怎么写

在社交化媒体汹涌的年代，虽然传统纸质宣传品（如单张、折页）接收率、留存率有降低的趋势，但仍不失为一种有效的低成本宣传方式，是很多广告主常用的拓客手段。创作出有传播力及销售力的单张（折页）文案，可参考如下“三步走”：

第一步：明确传播目的

在规划 DM 单张前，先要明确传播目的：是为线下门店引流，还是配合其他形式的媒介（如户外）达到深度传播的效果？最好是一物一用，不要想着面面俱到。

第二步：明确创意思路

现在的广告信息呈冗余化，对纸质宣传品在内容逻辑、表现形式上进行相应的创新显得更为重要。一般有以下三种创意思路：

（1）提高广告的趣味性

例如：我们曾参照微信抢红包的形式设计过一个“红包式”折页（见图 5－1），红包正面和背面尽量不出现厂商品牌信息，可引起客户的好奇心，让他们主动打开并浏览内页信息。内页内容：营销模式、进货优惠政策等。业务员派单反应良好，很少出现拒收的情况。

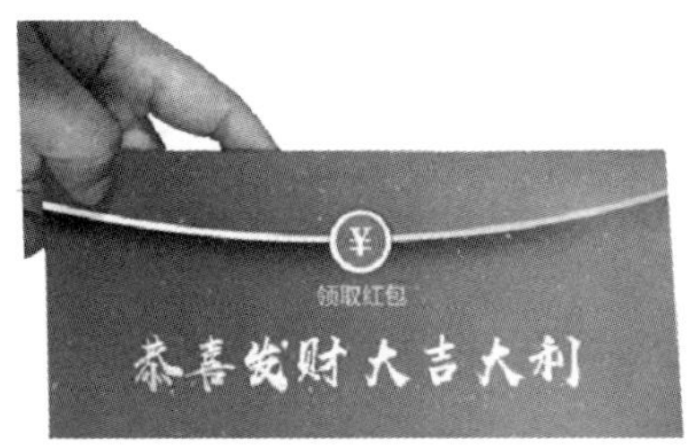

图 5－1　新零售 APP 线下拓客三折页

（2）提高广告的实用性

DM 广告要具有实用性，需要有工具思维和资讯思维。工具思维是让受众愿意保留、时时查阅，如餐饮的拓客资料可以放入“吃货日历”，按时令养生、节气应景排列美食、植入菜式。资讯思维是附带有用的信息，例如附文：跑高速前轿车必须看这 6 个地方、节食减肥 9 个你不知道的坑、卡路里菜单、本小区专属便民服务表等。

（3）提高广告的互动性

宣传品结合代金券、礼品券，通过兑现机制实现引流，算是常规应用；和经典游戏的结合属于非传统式宣传品，可以借鉴。例如：将飞行棋游戏设计和楼盘的内外配套信息、园林主题信息等相结合。该类宣传品用于线下暖场（比赛）活动，以及线上朋友圈晒图点赞，以实现项目的生动化和趣味式传播。

第三步：明晰内容架构

（1）品牌/产品宣传类单张

A 面：一般为主标题与副标题，产品的核心信息提炼及氛围渲染，突出标题党，力求简洁。

B 面：卖点的细分诠释，为避免散乱，建议以一个核心概念聚合 N 个卖点，如“5 好绿色餐品”“6 心级家政”“9U 精工筑作”“传统 9 法陈制黑茶”等，或是用一系列的数字化卖点作为分标题，串联全篇内容。

（2）促销类单张

A 面：一般做核心利益承诺＋促销活动精要环节，力求简洁。

B面：促销活动细节。比如优惠内容是什么→怎样才能享受到这些优惠→现在行动有什么好处、不行动有什么损失（限时、限量）→如何联系或如何到达。

具体以三折页为例（考虑折叠后效果可调整部分顺序），参考表5－1。

表5－1 常规类折页内容规划

A. 我是谁？ 封面主标题（后有备注） 副标题（后有备注） 公司名称及品牌标志	B. 我是什么样的？ 公司简介 资质荣誉 品牌故事	C. 我能为你做什么？ 服务项目 产品描述
D. 我做得比同行好的证据？ 优势呈现（技术/模式/团队等） 客户案例、客户评价	E. 你需要付出什么？ 参考价目 促销政策与获得条件 合作条件与合作政策	F. 如何与我们联系？ 品牌广告语或定位广告语 网址/多渠道联系方式 （一般放在封底）

备注：封面主标题一般是公司/产品名称＋广告目的，用精简的一句话概述（例如：格局商学招生简章）；副标题一般是行业定位广告语，或带给受众的好处，用精简的一句话概述（例如：足不出城·链接顶层智慧）。

主题延展：

宣传物料在表现形式上还有很多不一样的玩法，根据不同的应用场合，参考表5－2。

表5－2 宣传物料

形式	简述	传播目的
信札式	类：集齐邮戳式、仿古家书、语录条等	体现产品复古风或传递人文信息
玩具式	纸飞机、跳方格、填图上色游戏等	结合销售场景进行互动式营销
窗花式	以镂空、透视、反转创造立体视觉效果	体现产品的设计或景观优势
异形式	奶瓶形、山形、苹果形、树叶形……	展现项目特性，映射产品卖点
实用式	创意视力表、健康自测图、趣味有奖问答等	提高资料的接受度与留存率

当然，上面很多宣传品的形式并非独创，创新是为了将传统印刷品生动化、趣味化或实用化。小伙伴们还可以自行想象，将略显沉闷的纸质宣传品做出花、做出彩，只要把握两个原则就好：一是契合品牌气质与产品卖点；二是平衡好核心内容的能见度与印制成本间的关系。

第二节 4 大方法玩转二十四节气海报

这一节主要讨论中国传统二十四节气海报，当然除了节气，再加上端午节、中秋节、重阳节、腊八节、春节等传统节日，还有一些国际性的节日诸如儿童节、妇女节、环境保护日，以及各种西方洋节、电商购物节，目测一年下来叫得上号的节日/节气不下 50 个。所以关于节日/节气海报文案的撰写，有必要单独成文。

那么，如何写出“应景、有趣、契合产品”三位一体的节气海报文案？我们提炼了以下 4 类比较实用的创作手法供大家参考。

一、谐音双关法

（1）取节气名称的同音词或近音词，将其与品牌、产品或行业关键词进行结合，参考以下二十四节气（部分）的谐音文案：

惊蛰→惊折：4.5 折！惊到你了吗？

谷雨→贾·雨：××高峰论坛——500 名商贾大咖 3 日后纷纷降临！

立夏→丽夏：美丽一夏从立夏开始！（适用美妆、夏装等产品）

芒种→芒（忙）：赶“芒”种套房，今年不白忙！（地产：营造升价预期。）

大暑→大薯：大暑降火宜吃大薯！（适用薯类休闲食品、蔬果生活超市等。）

秋分→秋纷：入秋缤纷季，妆点浪漫色。(适用彩妆、花店等。)

霜降→双酱：酱酒暖心大促，一瓶价加 1 元再得一瓶！(适用酱酒/酱油/酱菜促销。)

立冬→丽冬：美丽何须冻人？（塑身保暖内衣）；栗冬：栗子节，抗寒果。

冬至→冬智：寒冬来了，寒冷却没来。(适用智能变频空调、带地暖/中央空调的精装房。)

小寒→小汗：出身小汗就是对小寒最好的道别。（适合：健身会所、汗蒸/温泉疗养。)

大寒→大酣：大口喝酒 and 大块吃肉的酣畅，大寒周驱寒暖食套餐。(适合：餐饮/酒水促销。)

微案例：晒一张霜降节气海报创意手稿（见图 5－2)，供小伙伴们参考。

图 5－2　霜降节气海报创意手稿

文案措辞小贴士：副标题是用霜降暖心大促价还是大酱价？如果是库存产品、促销产品可以用“大酱价”（大降价)；如果是主销产品临时性的推广促销，建议用“大促价”。“加一元”的目的在于模糊顾客

“你的产品打五折”这样的价格印象，避免影响产品价格体系导致降价容易复价难。

（2）谐音形式还有不在节气、节日名称上作文章的，而是在节气元素（如吃食、习俗活动等方面）找谐音词。例如：

冬至→吃水饺习俗：我们都是嚼饺（佼佼）者！

端午节→吃粽子习俗：最粽情的告白；偶尔放粽一下？

中秋节→吃月饼习俗：喝悦饼——解腻消食，悦喝越轻爽的千两茶饼！

（3）谐音双关法还有一种“中英文混搭式”。比如一个地产版的“小年夜”海报：

主标题：小年夜·小年 Yeah！

内文：今年在半山华府新家过年 Yeah！

二、文字拆解法

将节气/节日名称进行部首或笔画“拆解”，再将我们的品牌名、广告语、销售信息与它们做一个融合。参考下列设计手稿：图 5-3 对“儿童节”的“童”字进行部首拆解，植入了项目案名“幸福里”；图 5-4 对“冬至”二字进行了拆解，融入了广告语“不二城”，表达项目的稀缺性。

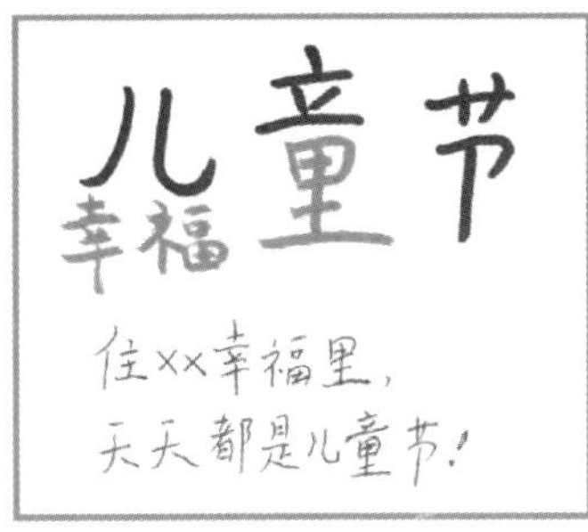

图 5-3　儿童节海报创意手稿

图 5-4　冬至节气海报创意手稿

我们再来看一组文字折解法节气海报实战示例（见图5-5）。

图5-5 小寒节气海报创意案例

三、成语嵌入法

（1）围绕节气/节日名称的每个字找到一条应景的成语或词组，呼应品牌气质，配合销售信息。图5-6将“春”字嵌入词组“富春山居”（借力传世名画——富春山居图）；将“分”字嵌入成语“争分夺秒”。同时配合一句相呼应的广告语：X城2.0低密度富春山居：99席争分秒藏！

图5-6 春分节气海报创意手稿

也可以是这样的“话风”（见图5－7）：这组地产海报通过词组“腊月荣归”应景腊月返乡置业季主题；以“八桂和煦”体现地域背景、彰显城市温度，将节气名称腊八节与企业品牌分别植入。为体现文字的韵律感，传统节气的文案可以走传统怀旧路线，两句最好字数相同、语意基本对仗。本海报的延展文案：离家再远，忘不了粉的缠绵；亲人再近，恰似腊粥的温暖。

图5－7　小寒节气海报创意案例

（2）以“藏头嵌入式”词组或短句，对节气或品牌关键字进行植入。例如：一主打学区楼盘的小寒节气海报：

小学中学高配；

寒窗苦读有城！

四、诗词意境法

找到一组符合品牌气质、与节气/节日应景的古诗词，进行二次创作。在第八章传统文化智略中，我们将和读者一起趣读唐诗宋词。因为扎实的传统文化功底，可以为文案创意提供更多的灵感和素材来源。

试读一首唐代白居易的《邯郸冬至夜》：“邯郸驿里逢冬至，抱膝灯前影伴身。想得家中夜深坐，还应说着远行人。”我们借此作为冬至节海报的文案辅助素材。

从该诗的意境提炼出关键词：寒冷、想家。那么我们有必要给白居易先生“送温暖”，这里只需附一句“点睛”的广告语，就可以让这首诗的意境为创作内容服务。例如：

①酒店版：身在他乡，睡在梦香。

②民航版：X航贴身相伴，无风无雪友暖。

③地产版：他乡再冷，心有暖乡。×××和你一起回家！

④电热版：××智能电热毯（或取暖器），冬夜何必抱膝？

当然，节气/节日海报还有各种玩法，我们列出的这4种是离传统文化比较贴近的干货技法。打通传统文化与现代商业文案的“道、法、术”，也是本书成书目的之一。有人说，让更多人爱上中国“造”，我想来一句：让更多人爱上中国“字”！

第三节　微信朋友圈微海报文案创意

社交软件微信朋友圈的晒图（包括微海报）、小视频，已成为很多品牌碎片化、低成本的传播阵地。由于是非正式传播渠道，微海报的趣味性和互动性应该要重点考虑。文案人大多属于文字敏感型，先以“字”作为微海报的第一技。

一、造字游戏微海报

很多人刷朋友圈，有时会看到一个奇怪的甚至前所未见的字，堂而皇之地打着“跪求答案”“猜字谜”。想不想了解这背后的套路？说不定你也可以创造一个热词，比如著名的“囧”（jiǒng）字源自“冏”（意为：明亮、光明）的衍生字，两个字的读音相同。现代网络中“囧”被赋予的含义是郁闷、悲伤、无奈、尴尬、困窘。

接下来看一个再造字的案例：某地产园林篇朋友圈晒图（见图5－8）。

图5－8　造字游戏微海报案例

急求：这是一个什么字？知道的告诉我，红包感谢！

谜底（楼主回复信息）：园中有园，园中四园，听说这个字读（yuán）……

作者注：超大体量园林是该项目的一大亮点（内有四大主题私家园林）。

造字游戏微海报创意技巧：选择产品的卖点/亮点，提炼出一个关键字，借助中国汉字象形文字的属性，将卖点/亮点图像化，与关键字形成对应关系。还是以上述“造字游戏”为例借以说明：该项目主打“多主题大园林”优势，提炼关键字“园”，再将“园”字中的一个“元”拓展成为四个“元”，呼应项目的卖点/亮点。

二、热点借力微海报

热点型海报的创意要点在于：将热点事件与品牌名称/产品特性无

缝链接。如何在看似不相关的事物间找到交叉点与共鸣点，举几个实战案例，予以说明。

案例 1：格局商学“2018 年世界杯决赛圈热点”微推海报。

这是一家大咖云集的商学院，所以有别于逗趣型、搞怪式的风格，我们采取了稳健型的文案和设计调性。应景式主标题，嵌入该商学院品牌名“格局”；辅助文案“格局商学助你：突破红海禁区，晋级世界决赛”，将赛事特点与商学院产品价值进行无缝结合（见图 5 –9）。

图 5 –9　热点借力微海报案例 1

案例 2：某地产借力电影《Hello，树 · 先生》的植树节微推海报。

图 5 –10　热点借力微海报案例 2

主标题：Hello，树 · 先生

海报内文：

树很重要，“先生”更重要！（注：先生——老师。）

RH 地产 26 年坚持助力教育，引进并兴建 11 所全国优秀学府……（见图 5－10）。

本文案将“植树节的十年树木”与“引进名校名师的百年树人”，进行了十分自然的嫁接和融合。

案例 3：某新零售服务平台蹭热剧《延禧攻略》的微推海报（见图 5－11）。

图 5－11　热点借力微海报案例 3

该海报结合平台“配送及时（送货不延时）、加盟有多项优惠政策（加盟多禧悦）”两大优点展开创意。这样植入还有一个好处是规避生硬植入引发的知识产权纠纷。

三、怀旧题材微海报

怀旧是个永恒的话题，不同年代的人有不同的怀旧方式和记忆点。

所以在选用这个题材前，先圈定目标受众的大致年龄段，再梳理有哪些元素能够激发怀旧、引发共鸣。比如官宣型语录体可以针对 60 后、70 后，语言铿锵有力、记忆辨识度高，运用得当可提高产品或项目的可信度。参考我们为某楼盘撰写的官宣型语录体（见图 5－12）：

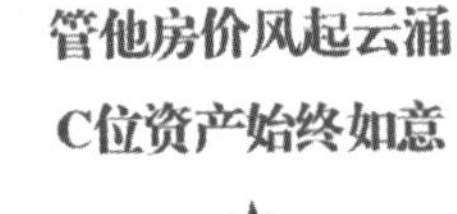

图 5－12　怀旧题材——官宣型语录体微海报案例

当然，怀旧还有其他的形式载体，如已成历史的各种证件；70 后、80 后、90 后记忆中的动画片、玩具、游戏（如俄罗斯方块、街机、植物大战僵尸）等；小学时的课桌涂鸦；高考试卷；那些年，曾经追过的那些人和那些剧……

四、元素嫁接微海报

有时候文案人经常会碰到一个烧脑的问题：很多 Boss（或甲方）总认为自己的产品样样都好、卖点多多，恨不得让你在一个 A4 版面把它们全部都列出来。当然这样的想法可以理解，客户购买产品，尤其是大宗耐用品需要考虑的因素很多，只打一个卖点难免感觉单薄。那么，只要不是惜墨如金的户外大型广告，可以考虑元素嫁接法兼顾多项卖点。以下是长沙一个商业地产项目嫁接计算器的多卖点微海报（见图5－13）。

图5－13 元素嫁接微海报案例1

计算器涵盖了项目的12大卖点，真是算来算去都划算。不过也要提两点小建议供读者们借鉴：一是部分卖点可以整合，如将“临街社区旺铺”“即买即租”改成别的卖点，只需要留下非常突出的“全是临街铺现铺马上租”这一句，这样更显精练，避免语言繁复和卖点词穷之感。二是计算器显示屏文案“请输入你的财富密码”，想法不错但容易让人联想到“输入银行密码”，毕竟是一笔不小的投入，可能会让准客户产生不必要的戒备心理。建议将其换成“算来算去都划算”或“请输入你的投资精算指数”可能更稳健一些。

大家开开脑洞，还有很多元素可以嫁接。比如仿医药处方（见图5－14）、拍摄场景板、黑板报、比赛计分牌、视力表（有眼光的看过来）……

提示：下列“城市英雄”健身俱乐部的“处方式”广告文案，举一反三也可用于餐饮（吃货症候群）、汽车保养（类车甲亢症）、美容会所（皮肤饥渴症）等。

××运动脱单学院门诊处方笺

姓名：××× 性别：男 年龄：29岁

主要症状：骨骼肌含量偏低、体脂率偏高、双眼无神、脸色苍白、爬楼虚汗（入院前有3年以上熬夜网络游戏史；无婚史）

初步诊断：脱单无力综合征

用药建议：×× 健身年度普通会员、燃脂雕肌私教课10节、冥想瑜伽课10节。

用法用量：每周不低于 2 次，每次不低于2小时。

注意事项：忌烟忌酒忌熬夜。

图 5 – 14　元素嫁接微海报案例 2

五、场景嫁接微海报

这种技巧也可以称为“返璞归真法”，即制造或嫁接一个生活中的“实际”场景，巧妙地植入广告信息，植入得越自然越好，不留太明显的人工雕琢或设计的痕迹。这也是微商惯用的方法。我们常见的有体现产品销售火爆的对话场景、体现产品试用效果明显需要复购且一货难求的对话场景、患者寻医问药（或询问减肥方法）专家答疑解惑并提供建议的对话场景、下乡解决农产品滞销问题的公益性扶持助销场景等。这种形式常常用于微信群推广、朋友圈推广、大 V 平台推广等渠道。接下来以一个“微信交流群对话式招聘广告”，分析场景嫁接微海报的晒图生成技（见图 5 – 15）。

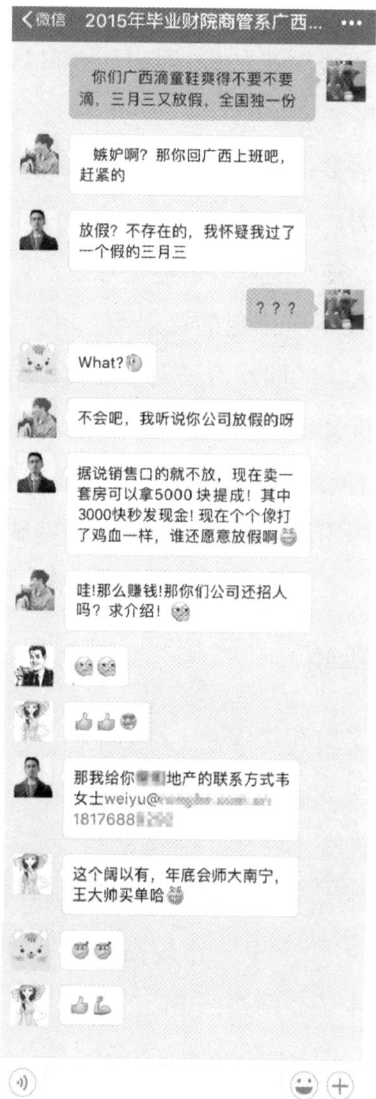

图 5－15　场景嫁接型微海报案例

这其实就是一个情景式的对话文案，可以内部组群互聊，也可以用对话器自动生成。简单的行文逻辑是：先设置悬念，在后文自然抖开包袱，不知不觉间将读者带入预设的广告场景。撰写这类文案有以下 3 个小要点：

（1）类自媒体广告的关键词——即时、娱乐、分享，内容制造出一定的戏剧性或冲突性。

（2）截取大家喜欢或熟悉的生活场景，可以迅速拉近与受众的距离，以获得更高关注度。

（3）摁住传统广告式的传播冲动。不落痕迹显真实，看似无意实有意，会心一笑有默契。

就这篇招聘文案，细心的读者可能也发现了，文中出现了不少错别字，这是“正经”文案不应该犯的错误啊！其实类似微信这种社交软件的沟通，用拼音输入法的朋友占了大多数，“手误”是常见现象。其中，有一处文案“3000快秒发现金”中，将“块”误写为“快”，实则有意为之，烘托一种赚快钱的刺激感。还有一些符合网络语境的词语，属于生活聊天中的用词习惯，将其植入会更显自然。

六、霸屏型微海报

霸屏型微海报是运用九宫格方式对多张图片进行组合，创造不一样的晒图视觉。有的朋友可能会说，不就是一张图平均切成9块，都会啊。其实这里有以下两个小技巧：

（1）九宫格构图的主要目的是霸屏，达到一种整体组合效果。我们建议设计师可以使用“个子”比较高的图片素材，两边适当留白，以避免刻意且更显艺术感。例如：垒高的书、堆砌的汉堡、被筷子夹住的长寿面、小高层洋房的局部、长颈鹿……

（2）图文同步，文字高度契合图片的意境（见图5-16）。

撰文后话：

微信朋友圈海报、晒图算是低成本广告传播的一个微阵地，由于“图+文”信息承载能力有限、信息时效性强，有时也会面临打开率不高、互动率不足的问题。所以，除了以上介绍的6种“图文法”，下节将和读者们讲讲信息内涵更丰富、广告形式更多元的——集“声音、图像、文字、动画、交互”五位一体的H5海报。

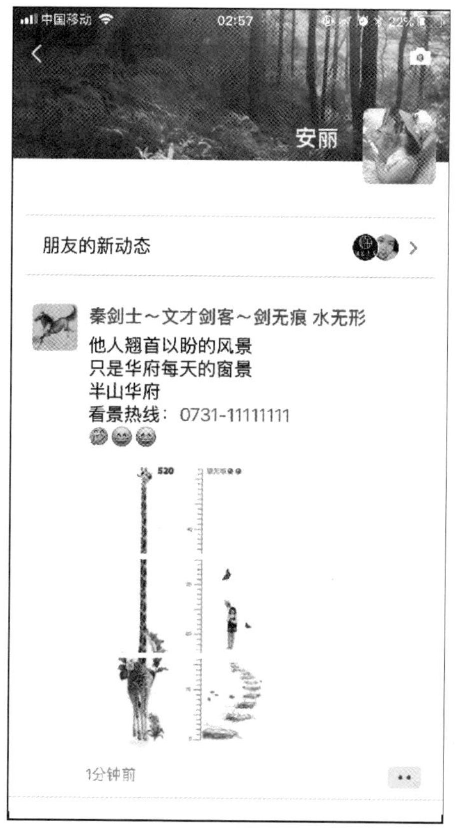

图 5－16　霸屏型微海报案例参考图

第四节　H5 海报的文案逻辑与表现手法

H5（html 5）是互联网富媒体（具有动画、声音、视频或交互性信息的传播应用）的一种方式，因其内容的流畅性及环节的互动性，多用于会议/活动邀请函、企业/产品展示、人才招聘、游戏互动等渠道。它具有如下优点：

①可以承载较多信息，适合系列主题型内容的输出。

②视觉的冲击力、视听的仪式感都很强，更有利于烘托、提升品牌

形象。

③互动参与环节的设置，更容易触发内容的二次或多次分发传播。

（1）围绕展示型、会议型、盘点型这三种“常规实用型”H5 海报，简述其内容逻辑的设计步骤。

第一步：搭骨架。

明确此次推广需要告知的关键信息，建议进行整体内容关键词（字）提炼，聪明的你可能知道用意了。下述案例“格局商学南宁分院开播典礼”H5 邀请函，就是围绕“开播大典欢迎你”这几个关键字进行架构的。

第二步：接脉络。

接下来播放的每个页面围绕这几个关键词（字）创作一个副标题，一般副标题 10 个字以内为宜，可以是两个成语或词组，也可以植入与关键词（字）有关联的语录体。这样既能让每个 P 的内容保持相对独立性，又能兼顾全篇的整体性和逻辑性。

第三步：填内容。

对每一 P 以简洁为原则完善内容，进行每页海报文案创意，可多运用条目式和表格式，也有一些“简约派”不主张放太多文字。海报内页文字承载的作用：客户有空则细观之，略过也能捕捉到关键信息。

第四步：试运行。

反复进行测试优化，包括内容的流畅性、画面图文的美观性、互动环节的交互性、字体大小侧重等。

案例：格局商学南宁分院开播典礼 H5 邀请函

具体见图 5－17 至图 5－25。

图 5－17 H5 邀请函 1

图 5－18 H5 邀请函 2

图 5－19 H5 邀请函 3

图 5－20 H5 邀请函 4

图 5－21 H5 邀请函 5

图 5－22 H5 邀请函 6

图 5－23 H5 邀请函 7

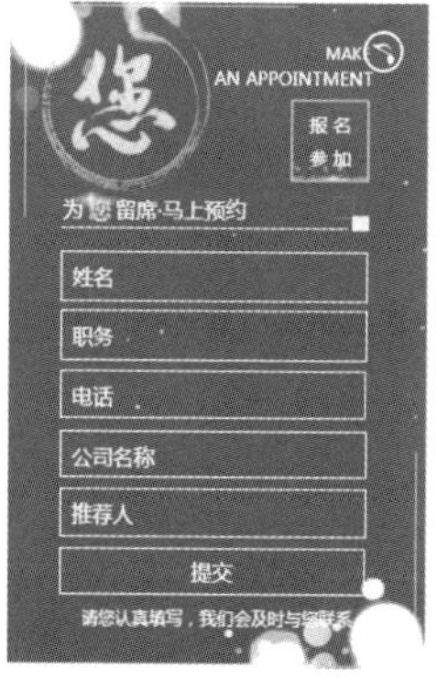

图 5－24 H5 邀请函 8

图 5－25 H5 邀请函 9

（2）现在很多 H5 已经突破了静态/动态海报切换形式，走的是“创意互动流”路线，通过互动小游戏的植入或类似小视频的形式，提高 H5 的可看性与可玩性。

下面是德邦快递和华为云联合出品的《我的快递怎么还没到?》（见图 5－26 至图 5－28），互动设计和产品卖点结合得很好，贴出来供大家参考。

图 5－26　互动设计 1

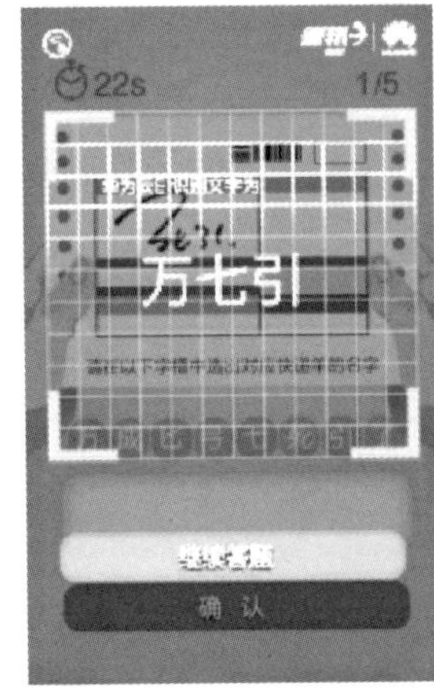

图 5－27　互动设计 2

图 5－28　互动设计 3

文案逻辑： 以热点话题引发注意→聚焦关注点（痛点）→查找“痛源”→提供解决方案→体验解决方案→引入挑战竞赛机制→引发分享。

文案策略见表 5－3。

表 5－3　文案策略

文案摘要	文案策略
一大拨快递正在路上：进度条	开篇，引入话题
我的快递怎么还没到?	抛出问题，潜台词（这个问题和你有关）
快递小哥与客户微信对话： 是“楚中天”还是“林蛋大”? （都是草书快递单惹的祸）	以幽默、调侃点题，吸引受众继续往下观看

续表

文案摘要	文案策略
快递小哥的辛苦： 双 11 快递单，15 亿份小期待， 然而他们的工作总是遭遇挑战……	过渡型内容、累积情绪：为引发后续互动做准备
挑战之：字迹感人的天书快递	强调每个人都遇到过的问题，进一步带入场景
“草写体”在线识别通关游戏	以游戏的方式体验快递小哥的“痛苦”
挑战中求助华为云 EI 识别	模拟体验华为云识别技术的“威力”
不服再战 or 分享战绩	重复体验 or 引发分享 将阅读者、体验参与者、内容分发者三位合一

撰文后记：

一个成功的 H5 有以下两个主要标准：

1. 主动打开——建议在标题创意方面发力，参考本章第五节和第六节的内容。

2. 主动分享与传播——建议在内容的实用性、互动的趣味性、视觉的冲击性等方面，多多创新，用心打磨。

上述两个 H5 案例的内容架构与表现手法，类似于逻辑闭环长文案的简化版。希望本节内容能起到抛砖引玉的作用，对读者制作出更为吸睛或吸金的 H5 有所借鉴帮助。

第五节　浏览量 10 万 + 的推文标题设计

笔者于 2016 年年底开始利用业余时间做自媒体，选择的是相对冷门的传统文化类，内容形式以文字为主，在单一平台（头条号）100 天内实现了粉丝破万人，同时产生了一篇 10 万 + 的爆文《金口诀速记十二生肖对应的 8 大方位》，当时在平台同类自媒体中综合指数排名前五。略感遗憾的是，在短视频自媒体红利时代，笔者因忙于公司杂务疏于动笔，并没有形成持续有效的内容产出，粉丝未再出现数量级增长。有机会一定借本书的自媒体学习心得分享，和曾经关注笔者的粉丝们、朋友们再续前缘。

回到正题，微文或其他自媒体文章的浏览量，与号主的粉丝基数、个人 IP 影响力关系很大，和内容的互动性设计也有密切关系。有些年轻、帅气的艺人、N 线明星几句无病呻吟的微博流量就能轻松破百万；一个简单的有奖积赞或互动小游戏，也可以让一条平淡无奇的促销信息浏量飙升。这里不谈运营，仅从推文标题维度剖析那些 10 万 + 们是如何炼成的。

推文标题针对特定人群进行定向推送，是吸引读者点击的“勾手”，对目标读者有很强的引导性。所以，标题的吸引力是提高浏览量的关键性因素。以下几种推文标题的类型供读者参考：

（1）共鸣型标题：这个内容和我（特定受众）有什么关系？

例 1：家庭煮妇们，你还在用家人们的肾过滤吗？

例 2：掌握这 9 个小技巧，孩子的学习主动性可提高 90%！

（2）挑战传统认知：难道我习以为常的某个观点是错的？

例 1：难道是我看错：鸡蛋白比鸡蛋黄营养价值高 6 倍？

例 2：20 年大数据：成绩平庸者的智商并不输于超级“学霸”？

（3）借力名人效应：借得讨巧，不惹麻烦。

例 1：××案例：财税专家教你如何跳出“合理避税”的坑？

例 2：惊爆：××男生天团 3 小时演唱会涉嫌假唱？

（4）借力新闻或热点事件：找准内容与事件的共性。

例 1：50 后、80 后男人跨界相拥，世界上就没有愈合不了的伤口！

例 2：崔老师的面：邀你实话实说应该卖多少钱一碗？

（5）运用有辨识度的数字：可以用具体数字或系列数字进行组合。

例1：3个女高中生在某酒吧一晚消费36800元，这单要不要买？

例2：请上司吃饭的3大准备和8项注意。

（6）纯干货定位：提供了什么解决方案？阅读后有分享给别人的冲动吗？

例1：教你19个不花一分钱的养生小常识。

例2："草根型"网红爆红秘而不宣的9大利器。

（7）悬念式标题设计：可采用设问式或欲言又止式。

例1：有人问：他那么胖，却为何还有那么多女生喜欢他？

例2：这个油腻大叔，《非诚勿扰》24盏灯全灭竟然也能牵走……

（8）主副标题搭配式：关键词主标题吸睛，副标题则诠释主标题。

例1：夏洛特烦恼——为啥肚子上的肉肉减了又弹回来了？

例2：脱单秘技——学会这6招保你搭讪美女不会尬聊。

（9）巧用夸张与情绪传导式：捕捉和引导公众情绪为我所用。

例1：3分钟微电影：没有一句台词，却让所有的孩子泪奔！

例2：听说这家快递公司要凉了？不要啊，我的快递还在路上！

上述9大标题套路没有严格的界限，可以两种或两种以上搭配使用。最后要说明的是："题不对文"的标题党推文并不受自媒体内容推荐算法的欢迎，所以尽量艺术性、策略性地从内容本身提炼标题。因为在各种信息严重冗余化的环境下，读者没有时间和心情被人戏弄，哗众未必能够取宠。要想走得更远，还是少些套路，多些真诚！至于推文内容的策划与创作，请参考本书文案创作策略类和工具类相关章节。

第六节　短视频标题创意的3大要诀

请教了一些成功转战短视频的传统营销人（单平台粉丝基数40万人以上的）和粉丝过百万人的知识型网红，结合自己为其他自媒体人进行内容策划的经验，和大家一起探讨短视频标题创意的要诀。

各种自媒体系统的推荐算法程序，核心还是基于访客行为：重点是打开率、读/播完率（停留时间）、收藏、转发等。访客的所有行为会自动生成“大数据标签”，系统会根据这些标签加强相关内容的推送权重。摘录部分自媒体平台（以头条号为例）对视频标题的规范要求如下：

（1）标题低质：标题错别字、标题不完整、标题语义不明等。

（2）题文不符：标题涉嫌捏造事实；标题表达的含义在内容里无法体现。

（3）恶意标题党：标题包括但不限于标点夸张、数值夸张、程度夸张。

（4）标题制造刻意冲突：标题包括但不限于家庭伦理冲突、两性关系冲突、社会地位冲突。

短视频和推文有异曲同工之处：通过标题诱导读者点击。那么，如何设计“受系统算法欢迎”的短视频标题，请考虑以下3个要素：

一、族群锚定

看到标题读者能够自动对号入座，如育婴类、宠物类、创业类、股票类。

例1：宝妈每天这样吃，母乳喂养奶水足。（锚定：哺乳期的宝妈。）

例 2：学会这 3 招，不再担心狗狗“爱拆家”！（锚定：养狗一族、有被拆家经历的爱狗人士。）

二、兴趣激发

兴趣激发的标题一般有两种形式：一是悦点或痛点式标题；二是好奇悬疑式标题。

1. 悦点或痛点式标题

参考“易经八卦掌”，标题立意策略可以基于阴阳属性——悦点式或痛点式。

悦点式：换脸美妆术，回头率飙到 80%！

痛点式：3 个室友开餐馆，今天准备吃散伙饭！

2. 好奇悬疑式标题

好奇悬疑式标题如何把握度？自媒体发文规范有一定的动态性，我们回归核心就是读者体验，总结为如下 4 个指标：

（1）标题与视频内容要有匹配度。如果为了诱导读者点开而文不对题，也会直接影响视频的播完率

标题错误打开方式：年轻小伙居然带六旬老太做这事……

视频内容真相：几个年轻小伙和大妈们在跳广场舞。

标题参考打开方式：“小鲜肉”舞林高手牵手广场舞大妈……

（2）基于人性向善的角度“制造冲突”

标题错误打开方式：七夕节民政局竟然排起了离婚长队！

标题参考打开方式：这对 30 年的老夫妻为何选择在七夕节分手？

（3）可以挑战固有常识，但要有科学根据与事实基础

标题错误打开方式：起床千万别喝白开水！

标题参考打开方式：你知道吗？白开水也有保质期！

（4）合理运用数字，不打虚假、夸大宣传的擦边球

标题错误打开方式：1 个月瘦 40 斤的 3 个动作。

标题参考打开方式：空腹 3 个动作，从 140 斤瘦到 98 斤！（建议收藏）

三、价值呈现

随着移动互联网内容数量级的倍增，有效信息的获取成了新的问题。虽然有自媒体精准匹配、智能推送，但怎样在海量信息中找到最感兴趣的内容仍然是一个难题。如何通过标题“呈现价值”提升点开率，我们一般有如下两种方法：

（1）干货型标题

做短视频 3 个月，月入上万元的 6 个关键步骤！

（2）资讯型标题

华为 5G 技术为何让有些国家如此紧张？

撰文后话：

各种类型的标题都可以“傍大款”，大款可是名流、大咖，也可以是热点关键词。读者可自行检索各平台爆款小视频，将族群锚定、兴趣激发、价值呈现灵活运用于标题创意。我们试将三要诀融于一个标题：

例 1：恋爱中的女人如何看出另一半的“忠诚指数”？

例 2：40 岁男人如何远离中年危机？

关于标题创意的最后一个建议是：不管你的视频多么专业、有料，标题可以适当亲民化、娱乐化，不要太高冷，摆脱说教形象，适当降低身段。

第七节 广告短片脚本也可以快速"吸金"

在小视频APP大火之前，小视频文案最大的应用场景是电视广告短片。自主创业阶段的我们曾凭借如下广告脚本策划案，2页A4纸、2天时间卖出10万元。虽然金额不大，但是企业拍广告片一般会选择和影视媒体机构合作，而不会为了一个脚本单独付费，策划公司想要从中获利并不是一件容易的事。该案例创造了我们出品效率的一个纪录，也给创业中的我们极大的鼓舞——好的创意也是可以卖出好价钱的！

客户的产品属国内婴儿护肤膏细分领域的隐形冠军，为了策应全国市场招商，同时化解因成本上涨、产品提价带来的市场压力，拟斥资百万元在CCTV7投放品牌形象广告。广告样片出来后，企业负责人一直不太满意，经业界朋友介绍找到我们。为真实还原整个作业过程，附上策略思考过程与当时的创意文档。

一、婴宝广告片策划前的洞察

1. 洞察原点

我们此次的洞察原点，来自"文案创意原点法则"之"人性按钮5"：照顾和保护所爱之人（参考第二章第二节）。婴幼儿期是一生中生命最娇嫩、最脆弱的时期，也是父母对其最小心呵护、爱心泛滥的阶段。所以，婴幼儿类相关产品的营销洞察可以多从这个原点出发。

2. 客户原广告片诊断：全篇点题广告语"你的宝贝最珍贵！

在开始作业之前，我们对客户之前的广告脚本进行了诊断分析，认为有如下问题：

（1）全篇缺乏视觉与语言上的记忆点，难以留下深刻的品牌印象。

（2）为了表现妈妈的温柔，女声（文案自带语气）稍显柔弱。

（3）广告语“你的宝贝最珍贵”体现了父母对宝宝的珍视，但和产品/品牌缺乏强关联性，基本属于“说了没说型”的旁白。

3. 传播洞察过程

（1）从父母的角度

经过调研，我们发现大多数父母选择婴儿护肤膏时首要关心的问题是有无刺激性、是否含激素，即最关心产品的安全性。

（2）从婴幼儿角度/又衍生到父母角度

本产品的重度使用人群是 0 ~ 3 岁的婴幼儿，由于他们的皮肤娇弱且较长时间垫尿不湿、皮肤湿热等原因，极易滋生奶癣、湿疹、痱子等皮肤疾患，也是蚊虫重点关注对象之一。宝宝因为表达有限，皮肤不舒服时轻则睡不踏实、重则哭闹，严重影响睡眠质量。而每个宝宝平均每天睡眠时间应达 16 ~ 20 个小时，占每天 2/3 以上的时间。宝宝睡眠质量不高，对其智力与身体发育的影响是不言而喻的，而且宝宝睡不香，明显会影响到大人的睡眠质量，有时候大人频频夜起，也是苦不堪言。

洞察逻辑：

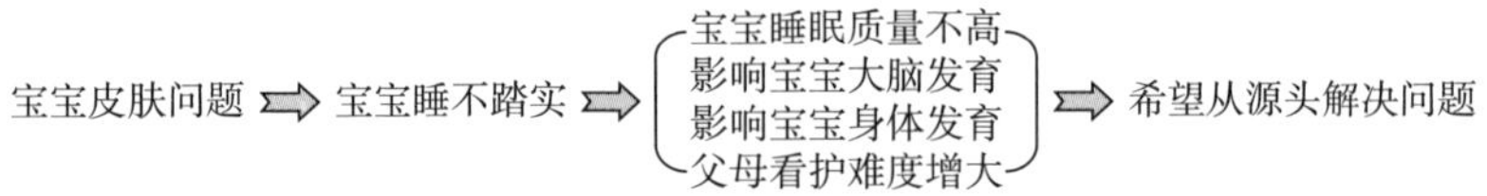

宝宝皮肤问题 ⇨ 宝宝睡不踏实 ⇨ {宝宝睡眠质量不高
影响宝宝大脑发育
影响宝宝身体发育
父母看护难度增大} ⇨ 希望从源头解决问题

图 5 – 29　婴宝广告片脚本策划洞察逻辑分析

通过上述洞察逻辑分析（见图 5 – 29），从选购者（父母，主要是妈妈们）的痛点、使用者（宝宝）的痛点，都可以成为此次广告内容的切入点。但如果直接强调产品的安全性，万一因个体皮肤差异影响产品体验，将有可能引发“蝴蝶效应”；如果直接诉求产品对宝宝皮肤多么有效，又受广告法的局限。既然“宝宝皮肤好”和“宝宝睡眠好”存在较强的因果关系，能否作为此次广告片的重点诉求？综合评估后，我们建议诺 X 行婴宝此次传播定位为：**通过改善婴幼儿皮肤问题，提升宝宝睡眠质量的护肤软膏**（注：迂回战术）。

二、婴宝 CCTV（10 秒）广告片策划纲要

1. 核心广告语及诠释

（1）宝宝睡得香，皮肤很关键！

画外音以略显严谨的类科普口吻，将宝宝“皮肤好”与“睡得香”紧密连接，直击父母的关切点。

（2）诺 X 行婴宝，护肤行动派！

因为品牌初创期诺×行商标意识不足，该产品销售火爆后市场陆续出现了以“婴宝”为名的大量竞品，“婴宝”已近乎成为公共品类名称。我们建议突出“诺 X 行”主品牌以提高品牌辨识度。同时，将品牌与产品特性结合进行自我功能定位——护肤行动派，暗示产品有实效、见效快。

2. 广告脚本策划示意表

广告脚本策划示意表见表 5－4。

表 5－4　广告脚本策划示意表

时长	字幕	背景图片	旁白（广告语）	背景音乐
约 1 秒		可爱的宝宝与兔宝宝（品牌卡通形象）甜蜜、安详入睡		温馨舒缓的轻音乐
约 3.5 秒		宝宝图渐渐缩向左上角	**宝宝睡得香， 皮肤很关键！** （温馨亲切的）	
约 1 秒		诺 X 行 logo 替换		
约 3 秒	**诺 X 行婴宝 护肤行动派**	产品＋图片组合	**诺 X 行婴宝， 护肤行动派！** （铿锵有力的）	音乐 节奏稍快
约 1.5 秒	诺 X 行 婴宝之家	诺 X 行 · 婴宝 logo		诺 X 行 （女声唱出）

广告脚本策划说明：

（1）配合广告投放档期，为节约制作时间，片子主要采用图片剪辑＋旁白＋背景音乐的形式呈现。

（2）旁白建议采用：35岁左右的成熟女性，语气自信，透露出一定的权威性、职业式口吻，类似于妇幼保健医生或皮肤病专家。

（3）广告篇的符号识别元素：兔宝宝（品牌卡通形象）。

（4）声音识别：诺X行（女声唱出）。

此次合作比较顺利，除了客户对广告创意本身比较满意外，还和我们的合作机制有关。好的策略、创意对广告投放的“送达率”与“转化率”是有很大提升的，相信企业主们对此都会有一个正确的评估。双方以对赌协议达成合作，如果客户对创意的脚本不满意，我们分文不取；如果采用该方案，此费用以双倍金额抵扣后续年度全案的部分费用。这样的合作机制展现了我们对自己创作能力的自信，也体现了对客户的信任。

第八节　怎样写好企业宣传片脚本

企业宣传片有别于产品广告片，其目的是完整、清晰、流畅地传递企业主体信息，展现风格相对比较抽象，相当于把企业画册用符合视频浏览的习惯进行再创作与再制作。根据企业属性或企业要求，也可以部分融入产品的具象宣传。企业宣传片脚本有三种常用的内容结构：篇章式、叙事式、沉浸式。

一、篇章式

篇章式宣传片脚本一般采用“合→分→合”式结构组合，优点是可以清晰、多角度地呈现企业风貌，但略显不足的是形式稍显刻板，篇章间的转承有时缺乏流畅感。我们结合一个实战案例“某农业供应链公司的宣传片脚本文案”来说明。

整体架构：四大篇章——源·润·农·兴

字数：约800字。

时长：约4分30秒。

源篇（大气开篇）

唐古拉山脉之钻——格拉丹东大冰峰，
冰川融溶向东蔓延……
母亲河长江，沁润了约180万平方公里土地。

在“长·珠”流域交汇的红色桂地，
一群新农人，以脚步丈量土地，用智慧播撒种子，
开启了一段崭新的绿色征程。

润篇（重点从农业种植标准及产业化方向阐述）

水润万物而不争，不争为道，得道多助。
八桂热土，神农氏眷顾之地，四季常绿，鲜果常新。
以示范+运营的产品标准化经营理念，
融合科研、培育、金融、农资、深加工等智慧农业共生体。
推动农产品品牌化种植，
大力发展火龙果基地，持续改良百香果种植。
引领农产品种植业升级，
打造中国农业投资蓝海。

农篇（从平台+品牌角度阐述）

9亿中国农，农为立国本。

从田间到舌尖，让农产品各流通环节畅行无阻。
以建立仓干配服务体系破解行业痛点：推动集采、集配、集销。
构建仓配一体化智慧型现代物流体系。
加速中国农产品流通，为产地与消费者创造价值。

以利他之心，搭建开放、多维度的供应链平台及诚信体系。
2017 年全球首届火龙果产销联盟大会，
2018 年，首届“中国生鲜 O2O 大联盟”启动活动，
借力产业集约发展，站在全球高度配置、优化生鲜供应链。
以产业园思维承载生鲜产业集群发展，优化投资效率，
服务于农，让农产品回归本价与本位。

兴篇（从“三农”及精准扶贫、产业兴旺、乡村振兴角度阐述）

新农人，地为琴，垄为弦，
奏爱农、兴农、富农三部曲。
推广现代农业式新生活方式，让更多新农人爱上新农业。
新农人共促产品标准化、营销品牌化、仓配智慧化供应链解决方案，
形成全社会兴农的蓬勃局面，
反哺种植，促农就业，藏富于农。
坚持深耕中国三、四线消费城市，服务两端，优化中间，
助推生鲜领域供给侧改革，为乡村振兴提供鲜活动力。

结束语

品牌汇聚，产业融合。
实现中国新农业共享、共创、共赢的可持续发展，
让农村成为梦想田园家；
让绿水青山变金山银山；
让万物蓬勃永续共生长。

××果业集团

中国品牌农业智造运营商。

篇章式脚本创作运用小贴士：

(1) 篇章式宣传片脚本首先要确定每个篇章的关键字或关键词。选取关键词（字），建议把握一个原则，即可分可合，每一个字既可以单独统领该篇，每篇相互组合又能形成整体。该农业公司的短片关键字“源、润、农、兴”，聚焦了该企业的使命和愿景：从源头开始，打通全产业供应链，润泽中国新农业，共创兴盛蓬勃大局面。关键词（字）中最好能够融入企业名称或企业文化核心字，过稿率会更高。

(2) 关于文案调性的问题，在创作前先了解项目关键人的文风偏好，让其选择一个比较认可的案例类型（最好是有点知名度的公众案例）。比如高端大气型、渲染煽情型、人文温情型、轻松活泼型、科技理性型……这样可以让后续工作少走弯路。

二、叙事式

叙事式宣传片脚本一般会借助一个完整的小故事，通过类情景短剧式设计，传递品牌形象与产品核心卖点，优点是生动活泼、可看性强。当然也有不足之处，因为要保证叙事流畅，所以对企业的介绍就难以面面俱到。

再来看一个故事型宣传片脚本——沁鑫商用电磁炉品牌微电影，讲述了一个发生在父子间的创业故事。全程走心，突破了传统工业品固有的刚硬、冰冷形象，为品牌注入了温暖的情感力量。

故事梗概：

儿子刘沁为了自己的创业梦想，从不错的单位辞职，选择了“民以食为天”的餐饮行业。为了说服父亲，刘沁特意准备了一个神秘小礼物……

父亲对儿子的决定很不理解，放弃稳定的工作而开餐馆，又脏又累，其实他真正担心的还是传统液化气灶具的安全性。

年轻气盛的儿子还是坚持开了一家餐馆，但由于经验不足、出品速度慢导致食客纷纷摇头，生意举步维艰。父亲看在眼里心有不忍，决定亲自出手帮儿子一把。当过厨师的父亲通过网络搜索找到某品牌商用电磁炉，作为送给儿子的神秘大礼，还翻出了多年不穿的“工装型”旧夹克，亲自帮忙掌勺。新的炉具上马后，后厨井井有条，出品安全有序，“菜如轮转”……食客们人人大快朵颐，尽兴回归。

6年后，作为成功人士的刘沁回忆创业历程：父亲对儿子于无声处的大爱、儿子对父亲如山般的敬爱贯穿短片始终。

结尾字幕：至爱无声·沁润无声。

创意过程简析：

叙事式企业短片可以视为一个“微电影”的剧本，可参照以下五大步骤：

（1）明确拍摄目的是什么。传递商用电磁炉产品相对于传统燃气灶具的安全性、高效性。

（2）以什么样的素材来呈现。青年人投身大众创业自营餐厅。

（3）主要人物性格如何设定。

刘沁：自信、乐观、有朝气（主人公性格与品牌气质保持呼应）。

爸爸：沉稳、感情内敛、略显保守。

（4）如何自然地植入、传递品牌信息。

环节设计：爸爸网络搜索、致电品牌厂家；新产品安装到位，“菜如轮转”。

（5）细节如何打磨。

儿子决定自主创业，为了说服爸爸，特意准备了“贿赂式”的小礼物。

有厨师经验的爸爸准备出手帮儿子一把，穿上了多年不穿的旧夹克……

三、沉浸式

（1）沉浸式宣传片脚本是以角色代入的方式，对企业/项目进行多场景演绎与再现。例如：以一个加盟商的视角，从初步接触到招商洽谈、实地考察、现场答疑、签约合作、加盟落地、参加培训、运营指导、成功分享等场景，对企业经营理念、实力规模、团队风貌、产品特点等以第三方的视角进行透视和呈现。

“角色”还可以是普通消费者（消费参观日）、新闻工作者、普通员工等角色。

（2）沉浸式架构还可以时间维度来组织内容，人物不限。作者既是亲历者，也是记录者，比较适合核心为“体验型业态”的企业，如旅游景区、住宅/商业地产项目等。以下节选某地产项目按24小时时间轴演绎的沉浸式短片脚本（部分字幕）。

7：00am
啾啾的鸟鸣声，
我甚至听到了它们在林间振动翅膀。
早醒了，不舍得起而已。
直到被闹钟执着地叫起。

7：30am
简单洗漱完，
送大宝去对面的××小学，
碰到邻居背着书包牵着小朋友，

对视领首，默契微笑。

看着孩子们朝气蓬勃的小脸蛋。

学校在家门口，多睡半小时，真是件幸福的事。

主题延展：镜头式拍摄脚本如何编辑

对于创意型短片脚本，为了更好地呈现创意，与摄制组一起拿出更优秀的成品，建议进一步形成镜头式脚本。对于短片，笔者比较喜欢参照视频剪辑软件 Adobe Premiere 工作界面，写一个时间轴式的拍摄脚本。节选实战案例《稻鲜生的奇妙之旅》短片脚本（见图5－30），简要介绍脚本如何编辑，以及文案与其他媒介内容如何进行统筹与整合。

图 5－30　《稻鲜生的奇妙之旅》镜头式脚本

看到这里，小伙伴们不妨思考一下，篇章式的严谨、叙事式的流畅、沉浸式的生动，哪一款更适合你的企业宣传片？

第九节　地产推广文案顶层设计

这一节主讲地产项目整合推广文案系统性策略的顶层设计。笔者观点中的“整合推广策略”是以下几种：

首先，基于市场、竞品（包含异地类品）、自身产品三个维度分析的基础上，提炼出产品的**核心卖点及系列卖点**。以城市住宅为例，项目卖点的提炼主要有四大源泉，具体参考本书第四章第三节《“一名惊人”之住宅地产案名》中的产品之硬件素质、软件素质；地段之先天禀赋、后天赋予。

其次，围绕所有卖点进行整合推广释放，选择多种传播手段（如阵地包装、户外广告、新闻媒体、活动引流、圈层渗透、电话营销、外拓物料等），在特定的时空点**进行有目标对象、有内容差异的系列传播策略的组合**。服务于传播策略，要先解决推广文案的顶层设计，接下来为大家介绍4种顶层设计方法，分别是：

第一种，一字文案统领法及相关延展运用。

(1）以项目案名为原点提炼一个核心字，如山、湖、峰、居、园、品、号……

某案名带“峰”字的轻奢准豪宅类项目（见表5－5），各阶段推广主题的整体铺排，从宏观到微观、由虚到实。

表5－5　轻奢准豪宅类项目

推广阶段	推广脉络	推广诉求
形象期	形象篇	**定位：**果岭心·双铁宅·2.5低密度精奢小户
		主标题：果岭人居·至此为峰
	区位篇	**主标题：**不登峰，何以乘风
		副标题：城东上心·墅质人居

续表

推广阶段	推广脉络	推广诉求
市场预热期	交通篇	**主标题：**不惧早晚高峰
		副标题：双铁站枢纽物业、AA 路一路连城、BB 路 CC 路左右环绕……
	活动篇	**主标题：**再不“峰”狂就老了
		副标题：神秘巨星峰先生空降 X 城，倒计时读秒中
价值塑造期	品质篇	**主标题：**品质登峰，再次造极
		副标题：5U⁺智能装配建筑 · 88 ~ 128 平方米墅质公园房 3 期将启 · 匠心精装 360°升级
	学区篇	**主标题：**不登峰，何以题名
		副标题：X 岭壹号学府天赋学霸区 · 家门口的光明路小学……
	景观篇	**主标题：**不登峰，何以鉴景
		副标题：人民公园在侧约 500 米处，瞰山阅水全家趣玩 · 规划 637 亩湿地公园正在兑现
	商业篇	**主标题：**不登峰，何以百应
		副标题：全球百强品牌联袂登场：沃尔玛、KFC、必胜客、华润……
强销期	户型篇	**主标题：**不登峰，何以尽宽
		副标题：低容积率三梯四户邻里宽 · 半赠送双阳台视野宽……
	价格篇	**主标题：**抢“峰”了……
		副标题：首付 28 万元起 · 住果岭心居
尾盘期	清盘篇	**主标题：**做果岭心上人 · 机会每日锐减
		副标题：仅 36 套果岭心居 · 争峰相藏

（2）以项目价值点为原点提炼一个核心字。

智慧化社区（智）、低容积率（宽/舒）、物业服务（心/暖）、教育资源（学/书）、交通路网（畅/达），各项目价值点文案围绕这个字做一个“极简式主标”。例如：智居、宽居、心居、书居、畅居等。

另外，“核心字”也可以是数字，对“数字系列”的文案，给出以下几点小建议：

①找到各项数据的实际支撑点，避踩《中华人民共和国广告法》

这个“雷”。

②对数字适度精确，提高可信度与真实感，就楼间距来说，145 米看起来比 150 米更有诚意和可信度。

③数字尾数尽量用比较“顺”一些的数字，如 142 就要优于 143；但是过犹不及，不建议将 168、188、199 这些数字用于“建筑数据”，因为看起来更像是商业促销游戏的数字噱头，不真实，显浮夸。

（3）以项目案名的每一个字为系列关键字。

将案名拆解为系列关键字，用类似于藏头诗（或嵌字）的方式，统领文案的整体架构，提高文案内容的项目专属感。比如“长沙湘江印象”项目：

长河落日·园静美画卷
沙水无沙·揽鹤舞江洲
湘汀十里·亲水岸奢居
江上百舸·畅领秀情怀
印迹永痕·抚百年匠筑
象形镌刻·追千年楚脉

第二种，核心概念统领法及相关延展运用。

首先，梳理项目所有的硬件、软件卖点要素，将这些卖点以一种更聚焦、更有识别度的方式重新聚合起来，以形成一个整体性概念。

（1）以组合式符号为核心概念，统领系列价值点，如 8A +、6E、9U·9 **优**（见图 5 – 31）。

（2）以契合项目核心卖点的英文单词为概念，统领系列文案。

PARK

P – Park：公园。

A – Art：艺术。

R – Railway：地铁，或“Rarity”稀有。

图 5－31　9U 系列卖点

K－Kid：小孩或“King”国王。

（3）将多个价值点套用成首字母相同的系列英文单词，以首字母为核心符号，统领系列价值点。

Honey 品牌：甜蜜筑家 · 幸福领航

Head 区域：头部区域 · 城市上心

Hardiness 精筑：智能建筑 · 生态 e 居

Half 2.2 低密：半山半园 · 难得疏阔

Health 园林：5 维园林 · 康乐大境

Holiday 公园：三园承府 · 生活度假

Heart 商业：心动商配 · 时尚脉搏

High speed 交通：高铁门户 · 枢纽大城

House 奢装：A8 精装 · 全系大牌

Hot 学区：四大学府 · 赢领未来

Hallmark 物业：一级物管 · 金质标签

第三种，“生物 IP”借势法及相关延展运用。

打造生物 IP 的目的，可以为冰冷的钢筋水泥建筑赋予生命价值与人文气息。同时，可以用具象的人或物的形象，统合相对离散的项目价值点。例如：

打山居概念的可以找：松树、香樟树、大榕树、鹿、鸟、松鼠等；

打湖居概念的可以找：莲、鹤、白鹭、李白等；

打江景的可以找：各种鱼、蓑笠翁、古帆船等；

主打园林卖点的可以找：陶渊明、“竹林七贤”等；

养老地产适合找：孙思邈、古树、太极拳等；

做原生民居的可以找：刘禹锡、杜甫等；

智慧与科技地产：古人可以找诸葛亮、老子，当代可以找财经、IT领域的大咖等。

还有别墅类产品可以找庄子：在自己的庄子里做庄子——中国人的逍遥居筑梦想。

IP不仅限于“活物”，一个时代的生活方式、某个年代的建筑符号，也可以是IP。初入广告界的时候，一位恒大系师兄在长沙操作的一个楼盘，于开挖地基工地发现了数个古井。他们以这个古井建筑群遗址为载体，追古说今，将项目塑造成“千年人居旺地、颐美兴家乐园”，取得了不错的媒体轰动效应，迅速带动了项目销售。

IP还可以是一个故事，这个故事可以是描述事物的发展或成长进程（如植物的生长过程），也可以是一个人（项目代言人）由远及近的全过程。参考如下案例：以“李白”为核心符号打造“生物IP”。

第一阶段：全厦门都在等一个人

这一段路的舒适是否你找寻的舒适区。

心潮，已随海潮澎湃，坐下来，等一等。

此情此景，无诗吟咏，坐下来，等一等。

第二阶段：生，当如唐朝人。

像唐朝人那样诗酒人生

愿唯当歌对酒时月光长照金樽里

像唐朝人那样意趣盎然

此曲有意无人传愿随春划寄燕然

像唐朝人那样文采斐然

仰天大笑出门去我辈岂是蓬蒿人

第三阶段：李白的院子·院子里的中国性情

以“院子里的中国性情”为主题的发布会，嫁接唐诗、歌舞、琴剑等元素，打造山中发布会，由虚到实——做实“回归盛唐诗意浪漫”的中式院子情怀（参考图 5－32）。

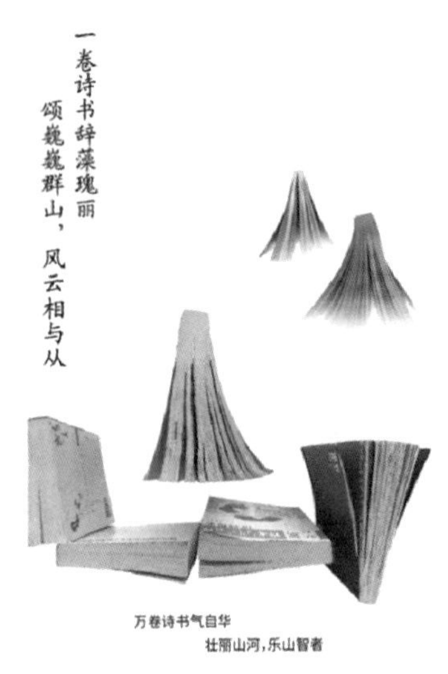

图 5－32　李白的院子（案例源于“金燕达观”）

第四种，精神共鸣契领法及相关延展运用。

精神契领文案法是一种更高阶的文案创作架构手法，直接找准目标客群，去探索他们的精神世界，以寻求共鸣，润物细无声式地将项目品牌植入目标客群的心智。

例如：国内地产文案经典“万科·17 英里”系列。17 英里（约合 27 公里），看似地理距离，更像心理尺度，也是某种意义上具备一定哲学气质的符号。17 英里品牌对应的是一群物质优渥不离城市上心繁华、心理上又具备特立独行特质的人。与尘世俗趣保持若即若离的距离，在生活与艺术之间玩转平衡。撷取两条17英里系列文案，供大家赏析参考：

DISTANCE（距离篇）

对距离坚持的理性尺度，在于境界。

距离，即空间。

距离产生美，不是每个人都能享受世界上最美好的事物，

它需要心境，需要场所，更需要一个恰当的距离，

万科17英里，我能与这个世界保持的距离。

BOX（空间篇）

我在17英里的空间。驾驭，或被驾驭。

空间，是阅读生活的最高形式，“床”是原点，

行走是步伐是半径，一寸踱步亦明自我驾驭之能，而后驾驭世界。

空间自由间离与超然私密的高度辨证统一，

在伸手拿捏之间，实现理性哲学与浪漫诗学的一次交媾。

在每一个时间的刻度，思想不需要宽度。

有的读者也许认为这样的语境并不适合竞争激烈、抢客凶猛的当前楼市环境，但我们无法忽视的是“17英里”有万科母品牌的强大加持，这类文案就无须承载过多的销售功能。这段文字更值得我们借鉴的是作者的创作境界（类似于本书第一章第四节提到的“投射思维时间轴”），即“我”在创作的这一瞬间，既不是单纯的旁观者视角，也放下推销者的功利心，只有“我”作为居住者身临其境的一种觉受。此时此刻的“我”已不属于“我”，任何的物理法则、时间刻度对“我”已然失效。我只听从于我的思想，我只臣服于绝对的自由。

要写出超凡脱俗的文案，除了海量阅读、大量实战，建议有兴趣的读者每天坚持半小时“禅道九步静思法”，假以时日，对文字的驾驭就

有望达至收放自如的新境界！（参考第八章第二节。）

运用小贴士：

项目推广策略和内容铺排虽然有各种套路和打法，但还需结合市场实际情况和产品特质，不可陷入教条主义盲区——以打法为定法自我设限，这违背了广告“广而告之+直接助推销售”的基本初衷。

就像有些地产项目的外源性、流动性客源占比较大，如商业地产、工业地产及具备旅游属性的住宅产品，在整合推广内容铺排中，更要注重信息释放的能见度和可达性，以及信息呈现的相对完整性，约等于“直观粗暴”式推广策略：提炼产品 2～3 个主打卖点，以主带副进行节奏式、周期性释放。即在同一个广告版面或其他媒介载体中，以其中一个卖点为主体，以主带副进行呈现；下一阶段主、副卖点易位，继续释放。

例如：某超一线头排海景地产项目，形象期的推广主题原计划为“全国人民一起来碰海”，进一步分析后发现当地置业客群外地人占比 80% 以上，且其中大部分源于北方候鸟旅居及短期旅游客源，其购买行为具有一定的随机性和即时性。所以，建议“形象期”即“抢客期”，更直观地呈现产品核心卖点“近海”。基于这个思路，推广内容与推广节奏可以参考如下方案（见图 5－33）。

第一阶段：

超悦一线海景房！

300亩珍藏山海金滩·65～120平方米全装修海景房·家门口30米浪起来！

第二阶段：

家门口**30**米 嬉浪人生

300亩珍藏山海金滩•65～120平方米超悦一线海景房•全装修拎包即住

图 5－33　阶段性主题推广示范

第六章　企业文案创作实战攻略

第一节　为商业计划书画龙点睛

在写商业计划书之前，很多项目创始人说：“我的思路已经很清晰了，就是不会写，想找个人帮我代笔而已……”事实果真如此吗？在沟通的过程中我们发现，他们的构想往往离一个真正具备战略指导能力与融资能力的商业计划书还有不小的距离。为了帮助项目达成上述能力的匹配，拟定商业计划书也就成为我们与创始团队对项目进行重新定位、战略梳理、模式创新、营销优化、股权设计的全过程。

一个完整的商业计划书几乎涵盖投资商所有感兴趣的内容，只有内容翔实、数据丰富、体系完备的商业计划书，才能使投资商看懂你的项目运作计划，实现融资需求。

一、撰写商业计划书，一般分为10大模块

（1）企业与项目简述（含企业/项目简介及发展战略、企业使命与愿景）。

（2）组织架构与核心团队。

（3）行业现状与市场竞争分析。

（4）产品优势与市场定位分析。

（5）商业模式。

（6）股权结构。

（7）财务分析与测算。

（8）融资方案。

（9）退出机制。

（10）附件附录（营业执照；商标/专利证书；鉴定结果；客户名录/评价；非管理团队股东名录简介）。

二、探讨对商业文案比较依赖的第1、第2模块

结合案例解析如何为商业计划书画龙点睛、登场出彩，第3、第4模块本书中多个章节已有涉猎，在此不一一阐述。

1. 企业与项目简述

（1）企业/项目简介及发展战略简述

编撰思路：视项目体量与目标融资额，用300～1000字提炼式说明“我们现在是做什么的、有哪些优势及现状，我们过去经历了怎样的成长、对未来有哪些战略规划”，可以理解为商业计划书就是为现在和未来搭建一座切实可行的桥梁。好的商业计划书不仅可以融资金，也可以融人才、融技术、融社会资源等。

点睛之笔：我们可以在各模块的标题上下功夫。例如：

共同掘金500亿元+中国姓氏文化定制酒市场；

一家有39个盈利点的亲子主题餐厅；

三位项目发起人在BAT累计服务年限超过28年……

点睛提示：项目摘要标题最好如上附上数字，大部分投资人都是数字敏感型的。

注：该部分还可参考本章第二节资本版案例。

（2）企业使命与愿景

编撰思路：将生意上升到事业的高度，将事业上升到伟业的高度。

就像马云创建阿里巴巴的初心使命：让天下没有难做的生意——解决传统工具、平台无法解决的商业信息不对称的问题。使命和愿景既有统一，也有区别。

使命是指企业/项目的初心源头——高于商业目的之上的社会责任。这个“社会”可大可小，大到人类命运共同体、地球环境的可持续性；小到为某一个行业、某一类人群提供可持续服务。使命即**我存在的意义与价值**，为谁创造价值，以及创造什么样的价值（长期性的）。

愿景是企业/项目对前景和发展方向的高度概括，是对未来中长期目标的一种生动性、图景式描述，即**我希望自己未来将成为的样子**。

点睛之笔：以“使命/愿景”之名拔高项目的立意与定位！

有的朋友说：“我就是想开个小农庄、做个APP，没有那么高大上。”其实小项目也可以有大使命！我们实战演练几个微案例供大家参考：

A. **养鸡场**

使命：秉有机持续农业，保百年优选品种，还动物生长尊严，赋大众真农土鸡。

愿景：做科学化、标准化、规模化禽畜养殖的践行者。

B. **特色种植农场**

使命：让农民在家门口安居乐业，使乡村靠新种植蓬勃振兴！

愿景：响应精准扶贫政策，做X省特色种植龙头企业；践行新型智慧农业，做中国绿色科技兴农标兵。

C. **新型主题书吧**

使命：有别于互联网快餐式阅读，为热爱学习的你保留一方文化大餐的去处；区别于孤独的文字与屏幕，为热爱读书的你提供一个书香美食的聚所。

愿景：打造城市有志之士挚爱的藏书阁。

D. **国学培训机构**

使命：改善中华优秀传统文化在启蒙教育中的缺位与弱势现象；不失民族立世根本——从娃娃抓起实现中华文化绝学无断代传承；强壮祖国未来之体魄、独立其精神；进可建功立业，退可安身立命。

愿景：承中华千年传统文化之精粹，启祖国未来长盛绝学之传承。

E. **创客中心**

使命：为小微创业者改变单打独斗式的工作环境，提供 360°全方位助力！

疏导社会就业压力：通过一站式孵化，提高创业存活率与成功率。

让创业者更有尊严：众创空间多功能、共赢机制，小创业享大空间。

愿景：培养创新型人才、实干型人才，打造精英创业队伍集中营。

点睛提示：任何行业的愿景与使命，要有适度拔高。一是引起投资人和加盟者自我实现情怀的共鸣；二是展现创业团队的雄心斗志与格局抱负；三是市场环境持续升级迭代，在价值观的塑造方面也需要具有一定的前瞻性。

注：该部分还可参考本章第三节中的两个案例。

2. 组织架构与核心团队

编撰思路：涉及互联网、生物技术、智能芯片等高科技属性的行业，对发起人/创始人的学历、科研、从业背景（关键字：麻省、哈佛、BAT 等）有更高要求，但大部分创业领域还是更关心创业者的专业技能、行业资源沉淀、领导力及创业经历。所以，中小创业者们不必妄自菲薄，重点还是在组织架构合理性方面多花点心思。人才组合最好涵盖管理类、营销类、技术类、财务类四大职能。例如：《移动云酒柜商业计划书》核心团队之 CEO 简介。

林 × ×： × ×公司 CEO，负责 × ×项目整体运营，发起人股东之一，持股比例 51%。

专注于快消品的创新推广与营销模式研究，擅长于团队搭建、资源整合。

湖南长沙人，男，汉族，出生于 1979 年。

1998 年 9 月—2002 年 5 月，就读于湖南××大学经管学院，市场营销本科学历。

2000 年 3 月—2002 年 4 月在校期间，与两位合伙人共同创立的“大学 e 站”BBS 负责整体运营推广及广告赞助商谈判。半年内日用户在线峰值突破 3000 人，兼职团队发展至 25 人。其中，2001 年度实现现金盈余 8.62 万元；2002 年该站被当地一门户网站以 40 万元收购。

2002 年 7 月—2007 年 12 月，在湖南××乳业公司相继担任策划专员、策划经理、省区经理、营销总监职务。其中，2004 年负责管理策划部门期间，在整体广告费预算缩减 30%、行业遭遇重大食品安全事件的背景下，于权威部门评测中，仍实现了公司品牌知名度从前 6 名升至前 3 名、美誉度从前 8 名升至前 5 名的逆势成长。担任营销总监期间，实现了中原市场的重大突破——利乐装产品销量跻身河南、山西当地 TOP10 行列；2007 年度总体销售额同比增长达 37%。

2008 年 2 月—2013 年 6 月，自主创业成立“龙行营销顾问公司”，出任公司总经理兼首席营销战略咨询师。创业团队从初期的 3 个人发展至 20 余人；服务客户涵盖湖南本土 40% 以上的知名快消品企业；曾长年负责 5 家国内一线快消品品牌在湖南市场的地推、促销活动的策划与执行。该公司服务口碑和市场业绩均得到业界认可，2012 年获××协会与××杂志联袂推荐为“中国 50 家最具成长性智业机构”之一。2013 年 7 月，该公司被国内××集团并购。

2013 年 9 月—2016 年 3 月，出任××集团旗下酒业公司副总经理一职，下辖团队总人数超过 150 人，负责旗下中高端白酒在全国市场的招商与渠道布局。其中，2014 年、2015 年主抓业务板块连续两年实现 25% 以上的复合增长。

2016年5月至今：成立“X市云柜科技股份有限公司”，出任CEO一职。

点睛之笔：项目发起人简介，简介撰文有如下要点：

①发起人的专业技能、职业经历须与商业计划书中项目的成功要素尽量匹配。

②发起人的职业经历须突出团队组建能力，体现创始人的号召力与领导力。

③发起人最好有成功的创业经历，如果是失败的，请附上简要的反思与总结。因为在大企业担任职业经理人和自主创业完全是两码事，后者要求创业者有更多维的综合能力及超强的抗挫抗压能力。所以，曾经的创业经历可以为商业计划书加分。

点睛提示：项目发起人是团队的核心，也是整个商业计划书的重点之一。如果项目发起人的经历与项目成功要素不匹配，建议聘请相匹配的CEO作为联合发起人。

其他技术、财务、营销类核心团队成员简介，可以适当简化。主要的内容架构参考：

①在目前公司/项目担任的岗位、持股类型与持股比例、擅长领域。

②个人信息简述：籍贯、出生日期、学历、教育背景。

③个人工作履历、业绩记录，展现其所在领域的个人专业性，甚至是前沿性。

撰文后话：

关于行业及市场竞争分析、产品分析与定位，本书已有多处涉猎；商业计划书的内核“商业模式”板块涉及产品与市场的具体情况，在此均不做深入探讨。希望读者可以基于好产品、好模式，借助文案专业度与流畅性的提升，以“点睛之笔”写出让投资人眼前一亮的商业计划书。

第二节 企业简介之常规版、招聘版、资本版

我们建议每个企业至少准备三种版本的企业简介：常规版、招聘版、资本版。下面看看这三种版本的企业简介写作要领，并举例说明。

一、常规版企业简介

常规版主要用于企业画册、官网等常态化宣传渠道，主要对企业的历史传承、所获荣誉、行业实力、团队简介、未来愿景等进行整体概述。看似中规中矩，其实也有内容逻辑。一般按时间轴来架构简介内容：以前（历史、传承、荣誉）、现在（团队、实力、产品）、未来（企业愿景、短/中/长期目标）。

湖南烟溪××茶业股份有限公司，其前身为合并“昆记茶行”后的安化烟溪××国有茶厂。20世纪中叶建厂至今已逾60年，昆记茶号传袭300余载。公司一直致力于做安化优质茶叶的全产业链永续经营者，集茶叶基地、初制厂、精制厂于一体，现已成为产、加、销一站式经营的规模型现代茶企。2014年12月，成功股改后更名为湖南烟溪××茶业股份有限公司，在湖南股交所挂牌。

公司坐落于雪峰山脉北端的柘溪国家森林公园、雪峰湖国家湿地湖区叠加区域。目前拥有有机茶园2000多亩，茶园地处深山，山湖交错，坡地及高山茶资源丰富，四周有原始次森林屏障，远离公路、村庄、农田。茶叶种植均采用农家有机肥，以人工和生物天敌方式生态除虫，全程质量安全监控，系无污染、无农残的生态有机茶。通过对原厂区的改扩建，现已拥有近2万平方米的标准化厂房，设备先进，工艺完善。本厂率先在安化茶界导入“不落地，零沾尘”免洗茶叶生产工艺，是安

化黑茶协会该技术首批试点茶企。

公司业已形成红茶特色、黑茶主导、绿茶补充的三大品类战略，出品特级/一级/二级红茶、陈年千两、百两、茯砖、天尖、绿茶等系列产品，旗下拥有“昆记安红”“烟溪丰里”等一系列极具历史人文价值的茶叶品牌。

本厂将继续秉承昆记茶号“厚道好茶，不减分毫”“茶如其人”的匠品原则，坚守初心，将这一安化茶业的金字招牌发扬光大，践行安化先辈茶人“茶中昆仑，开枝散叶”的美好宏愿，在竞争激烈的市场中戒骄戒躁，坚持 100% 只用安化本地原料的“真安叶”6S 品质标准，通过产品创新、模式创新、文化创新，与各位安化茶人、与全国所有茶人一道，积极开拓海内外市场，共同传承安化茶叶千年文化，再现昆记安红百年辉煌。

二、招聘版企业简介

招聘版企业简介主要用于人才网站、校园招聘等各种场合，以及基于手机端的招聘宣传（如招聘微推、H5 海报等）。招聘版不同于常规版的地方在于不同场合针对招聘对象群体可以用不同的形式或文风来展现，目的在于与招聘对象产生共鸣，吸纳更多的优秀人才。笔者曾为某互联网企业创意了一组“武侠版”岗位招聘 H5 海报，给企业 HR、求职者耳目一新之感。

企业简介：

本盟属中华武林新锐势力，

互联网华山论剑，

X 省唯一“双创奖”得主，

荣登大光明顶指日可待。

凡有所助力者，

皆可大碗喝酒、大秤分金。
岭南总舵四季如春，
堪比滇南大理，
往来皆鲜肉，出入多美女。
无传统门派壁垒森严、钩心斗角，
江湖小白，亦可在此自在玩耍，
舞刀弄剑，扬名立万！

话外音：列举与企业简介相匹配的部分岗位描述。

设计白骨爪（平面设计师）：
欢迎自带仙气，
对美好的画面，
愿意像段誉一样“花心思”；
身段灵活，胖子不拒；
既有锦衣派的高大上；
又有污衣派的接地气。

三、资本版企业简介

资本版企业简介主要面向投资人、金融机构，其结构要领大致为：

（1）我们企业为何而生——解决了什么样的行业痛点。

（2）我们的技术有何领先性、有哪些证据（专利），或我的商业模式有何创新性。

（3）我们的核心团队有哪些人，是否属各自领域的专家或资深人士，结构是否合理。

（4）我的客户有哪些，有哪些重量级的合作伙伴。

（5）我的市场成长性如何，近两三年增长率、市场占有率情况等。

（6）我的使命及远景。

示例：面对投资人的企业简介精要版（企业价值描述）。

科科检测技术股份有限公司于 2015 年 7 月成立，自建立以来科科因自身的科技优势成为 SS 市政府重点引进的“双百计划”核心高科技企业，得到了 SS 市政府的积极支持。

科科专注于电磁（涡流、漏磁、磁记忆、多频涡流等）、超声检测（数字多通道超声波、相控阵超声波）、工业内窥镜探伤仪器及高端智能无损检测系统设备的研制与应用，现已拥有 23 项国家专利，其中发明专利 5 项。科科的产品及服务已被中车集团、中国核电、成都飞机、日本本田等国内外著名企业大量采购使用。

不断追求技术进步的科科逐渐成为替代 GE、奥林巴斯等国外巨头的新兴无损检测的民族企业，成为中国高端智能无损检测系统解决方案集成商领导品牌。

科科，一个被业内赞誉为“中国高端智能制造业全能体检医生”的高科技企业，正在助力中国制造业强国之梦。

（本案例来自国牛股权）

看似简单的企业简介，面对不同的场合各自发挥着不可替代的作用。本节给大家一个内容的侧重点与大致架构，参考上述案例，相信大家一定可以写出更精彩、更适配各种场景的企业简介。

主题延展：除了这三个版本的企业简介，企业还可以衍生出多种应用场合的企业简介。

招商版：直面经销商和下游渠道的痛点，体现企业实力与经营的永续性、成长的稳健性，塑造成功典范（标杆市场、金牌经销商、合作伙伴感言等）。

政府公关版：主要用于与政务部门的沟通，如相关项目的报建立项，迎接相关领导视察指导工作等。主要突出：企业使命与国家级战略的对接；社会使命与公益事业的参与度；党建工作成果；社会各界对企业的优秀评价等。

第三节 如何写好企业文化建设文宣

企业文化建设是文案对内工作的主阵地之一，既是企业对外的软实力，也是企业对内的生产力。很多企业家都意识到了这一点，也比较热衷于在办公室贴点标语、上点意向图，让企业更有文化感和仪式感。

面上的文字功夫并不难，难的是企业文化如何落地、如何让这些文字成为全体员工的行事价值观与行为指南，避免企业文化建设沦为可有可无的锦上添花。我们曾为数十家企业系统性地策划、导入企业文化，每一家都是量身定制，我们认为企业文化调性不在高大上，其内核也不在文字本身。

企业文化是系统工程，包含理念识别（MI）/行为识别（BI）/视觉识别（VI）。其中，理念文化建设应走在前面，为行为识别和视觉识别导航。理念文化建设要找准两极：品牌极与创始人极。符合品牌的成长阶段与调性，符合 Boss 的精神特质，用相对朴实、走心的语言说出来就好了，这样的理念文化丰满生动、历久弥新。接下来，我们透过两个案例来演示理念文化的衍生过程。

案例1：以“品牌极”为表，化不利为有利，构建品牌“防火墙”

胜华集团是一家来自中国台湾的企业，林董有着深厚的大中华情怀，胜华也有“胜在中华”之意。但由于企业背景的特殊性及两岸关系的敏感性，“胜华”品牌命名背后暗含一定的公关风险，尤其地产是该企业的主营业务，和政府各个层面的沟通必不可少。

我们建议从品牌诉求的角度，将受众对品牌的理解朝有利于企业的方向引导。基于这个思考创意了一句品牌广告语“中华盛·世界胜”，进一步开宗明义，将品牌战略与国家战略结合以形成共振：中华和平崛起将创造多极平衡力量，以“一带一路”为起点、为载体，各国共创贸易互通、产业互补、文化共融，秉承共赢思维，全世界都将成为中华强盛的赢家。（注：这个较为高大上的理念，并非是喊口号，拥有多国投资型客户群体，正是胜华集团的核心优势之一。胜华集团带着围绕这个诉求制定的一系列推广 PPT，在中国深圳、台湾、香港地区，以及东南亚多个国家进行路演销售，成绩斐然。）附图：VI 核心符号根据台北 101 大厦进行抽象延展（见图 6－1）。

图 6－1　胜华集团 logo 创意图

下面我们来赏析围绕该品牌诉求定制的企业文化（部分文案）：

胜华宣言：

胸怀大同社会的幸福远景，

与全球华夏儿女携手共建强盛中国。

汇聚内地、台湾、香港的金牌团队，

共筑高起点、高成长平台。

中国梦，世纪梦；中华盛，世界胜！

世界多赢，方有民族和谐；

国家大盛，方有企业小胜。

立意高远，肩负责任！

我们以专业取胜市场，更以共赢取信伙伴。

我们卖的不仅是房，更是梦想！
让胜华 VIZ 为你实现梦想吧！

企业使命：
承——中华之盛世
启——胜华之盛市
中华盛，世界胜
以企业实务助中华梦圆
以中华兴盛促世界大同

企业愿景：
打造财富投资乐土，营造幸福生活家园。
成为大中华顶尖的地产营销全程服务商。
围绕地产核心筑就国际化综合商业旗舰。

经营理念：
祖国强盛中华梦圆共建福祉
多方共赢持续多赢永续经营

服务理念：
Vision　远见服务——适度超前
Innovation　创新服务——持续改善
Zeal　热情服务——激情传递

案例 2：以“创始人极”为里，南方家政企业文化从“心”起航

◆MI 核心：六心级家政
南方愿景：培育千万学员，服务亿万家庭。

南方目标：5 年内成就华南家政服务领军品牌，10 年内打造中国家政服务卓越品牌。

南方使命：以家政培训增就业，以家政服务促和谐。

办学方针：四化——教材现代化、教学场景化、理念国际化、流程标准化。

核心价值：分担家庭重任，优化社会分工。

服务准则：6 心级服务——耐心、细心、孝心、诚心、专心，最终让你放心！

南方校训：诚于心、爱于行、精于家。

◆**VI 核心符号**（见图 6－2）：

图 6－2 绿城南方 logo 创意图

绿城南方 logo 的主要元素由 6 颗心组成，源于绿城南方的“六心级家政”核心理念，即对服务对象要有耐心、细心、孝心；对公司讲诚心；对工作要专心，最终让雇主百分百放心！由这 6 颗心汇聚成南方人的大爱心。

6 颗心像 6 个花瓣，寓意着南方家政人拥有像花一样美丽的心灵；心形花瓣簇拥着一个抽象的房子，寓意着南方家政人用心呵护和照顾着每个家。

“家”里面的图形如同双手托起一个小太阳，代表了家政是一个冉冉升起的朝阳行业，也提示南方家政人用我们的爱心服务，为亿万家庭送去阳光和温暖。“家”里面的图形亦像一个穿着马夹工服的家政人员，体现了logo的家政行业属性。

logo主色调为绿色、粉色。绿色代表着健康与成长；粉色代表着爱心与温馨。红绿相间的组合，既呼应“南宁绿城”的绿色气息，又吻合“南方家政”的温暖气质，是绿城南方logo包容家政培训与家政服务两大业务板块的视觉体现。

◆南方家政·同仁志

（女生领）我是绿城大地的一滴水；

（男生领）我是南方家政的一块砖。

我们汇聚绿城，怀揣家政报国的梦想！

我们志在南方，实现家政创业的理想！

培育千万学员、服务亿万家庭是我们的目标！

分担家庭重任、优化社会分工是我们的职责！

传道授业、诲人不倦、兢兢业业、任劳任怨！

以勤勉对待工作，用服务创造价值！

（男）做至真、至诚的教育人；

（女）做至善、至美的家政人；

我们并肩前行，为成为百姓最放心的家政品牌努力奋斗！

◆南方家政·学员志

我们是陪伴宝贝的那双温柔手；

我们是关爱老人的那双贴心手；

我们是呵护病患的那双美丽手；

我们是温馨家居的那双灵巧手；

我们是打理后方的那双全能手；

心手相牵，6心服务；

诚心、专心、孝心、耐心、细心；

最终让你——放心！

我们谨记：诚于心！爱于行!! 精于家!!!

◆广告语：

品牌广告语：家政选南方，轻松去上班。

注：该品牌广告语创意的主要难点在于如何用一句话包容该企业“家政培训”与“家政服务”两大业务板块。

定位广告语：百姓超放心的家政品牌。

◆品牌故事节选：

只招到 3 个人，这课要不要上？

由于学校原定位为培训英式管家，在当时的家政市场前景显然不容乐观。2007 年，徐校长决定调整学校战略，将培训的重心转向更贴近百姓生活的家政服务领域，如母婴护理、家庭服务、养老护理、家居保洁等。2007 年 3 月初，学校迎来了家政培训的第一轮招生。由于展位紧张，徐校长一行自带桌椅赶赴当地的区劳务市场招生，几天下来应者寥寥。正式开课当天，只来了 3 名学员，而培训老师有 5 名之多。面对“老师多过学生”的窘境，如果推迟开班确能减少损失，因为家政培训老师大部分拥有副高级以上职称，费用不菲。但徐校长坚决表态：“信誉不能丢，哪怕只有 1 个学员也要把这个班办起来！”

全篇文宣没有过多的华丽的辞藻，有的只是朴实、务实的语言，却得到了南方家政管理层的高度认可。中英文版系列资料于企业内部全面导入后，在迎接菲律宾、马来西亚等国际家政协会学习观摩团的参观中，很好地展示了中国家政人扎根华夏文化、积极拥抱国际家政标准的良好形象，也赢得了上级主管部门、各界友人的大力支持与积极宣传。

撰文后话：

南方家政的创始人徐校长是一个有着 40 多年教龄的教育工作者，从援建铁路的“娘子军”到报考人民教师，从中学老师转战职业教育，又从职中校长创业创办“南方家政”。一路走来，老教育工作者特有的质朴和担当让人动容，“老骥伏枥，志在千里”的创业精神令人肃然起敬。所以，有这样精神领袖级的优秀创始人，围绕她讲好品牌故事，企业文化就很丰满了，同时能够落地生根。

企业文化建设，对员工，包括对企业创始人，都能形成一种软约束力。这种软约束力与创始人内在的精神气质、性格魅力相互碰撞共生，可以更好地净化企业职场生态，让企业发展基业长青。

第四节 紧急任务：为领导准备精到的发言稿

公司领导明天参加一个重要会议需要一篇发言稿，董事长助理、企划文案、行政文员等都可能会被“抓壮丁”，这样的活看似没多大技术含量，但做好了绝对可以让你在领导面前加分。其实，写出一篇应景又不乏“政治智慧”的发言稿绝非易事。

我们就曾执笔过几篇发言稿，摘录其中两篇如下：

(1) 周董事长（某省级商会的常务副会长）出席商会5家联合机构的揭牌典礼发言稿，略有修改，全文如下：

我是周光明，很多人都认识我，我有不少的头衔，但我今天最在意的标签是“X省湘商的娘家人”。今天我想用5个关键词热烈祝贺×××产融集团（深圳）运营中心、××资产管理有限公司、湖湘文化交流中心、企业家联谊会、博士联谊会揭牌仪式圆满成功、钱途一片光明！(笔者注：用“钱途”“前途”都可以。)

这五个关键词分别是融通两广、运转乾坤、唯楚有材、湘企兴湘、博物通达。

今天我们能够其乐融融、欢聚一堂，湘聚在这美丽浪漫的香榭里，首先要感谢一个人，一位让人肃然起敬的老乡。这位资深级、重量级的老乡、老领导就是我们最热心的贵仁勇贵会长。感谢他为我省湘商联合会，为所有老乡不辞辛劳、任劳任怨地付出！我们大家把感谢的掌声送给贵会长好不好?

贵会长，是我们 X 省湖南人共同的贵人、共同的旗帜。我想今天这次五企联动、乡情揭牌是一个非常好的契机，我们要更加紧密地团结在以贵会长为核心的商会领导班子周围，让湘企与湘企间的互动更加频繁、合作更加亲密，打造属于我省湘商的高大上朋友圈！格局高、圈子大、上档次！

大家时间宝贵，今天我的发言先到这里，感谢各位老乡的支持、捧场。同时，欢迎所有老乡有时间来我公司喝茶、指导，我们相互学习，共谋发展。谢谢大家！

上文是属于轻松活泼式的发言稿，我们再来看一个全国性行业大型峰会的发言稿。这种全国性的峰会一般参会人数不低于 600 人，作为主办方领导人的发言，内容要相对庄严大气，板块标题新颖有创意（用于 PPT 投影），彰显企业实力与活力及活动的官方性。下面节选部分文案供参考。

（2）由某农业集团公司主办的 2018 年中国生鲜品牌产业峰会·广西站，暨火龙果品牌联盟发布会，董事长发言稿：

感恩今天邕有的一切：6 月热情洋溢，农行天下。真诚感谢各位领导、各位行业大咖、各位新老朋友，冒着酷暑，来到绿色邕城参加此次生鲜品牌产业大会暨火龙果全球品牌峰会。我谨代表活动主办方，向你们说一声：辛苦了！欢迎你们的大驾光临!!

来自老朋友的“心”问候：刚才看到了许多十年如一日躬耕现代农业、以心相交的老朋友，也发现了不少朝气蓬勃的新面孔。请允许我再做个自我介绍，我叫黄方国，黄土高坡的黄、天圆地方的方、农业立国的国。所以，我今天分享的主题和土地有关，更和农业有关。

回顾2017年的“盟时刻”：回顾2017年，留下了太多关于农业的记忆。在座很多朋友对2017年全球××果产销联盟大会或许还记忆犹新。今天很多朋友正是通过上次大会加深了彼此的感情，增强了相互的信任，尤其是产销两端的沟通合作更加顺畅了。

2018年产业鲜风来啦：进入2018年，不管是政策环境，还是市场环境都发生了诸多可喜的变化。5月18日在全国生态环境保护大会上习总书记强调“生态惠民、生态利民”。为绿色现代农业、循环农业的发展提供了新的战略支撑和指引方向。

市场端以智能化、新场景、大数据为主要内涵的新零售变革，为生鲜销售赋能，农产品的价值链得以重塑。品质农业与生态农业正在呈现出一片红红火火的景象，借助互联网和新零售的翅膀，看到大家的生意做得红红火火，我们由衷地感到高兴。

产业峰会2.0版本持续迭代：在这样的利好氛围下，今年以“品牌汇聚，产业融合”为主题的产业峰会，可以说是顺理成章、顺势而为。如果说去年的产销联盟是产业融合的1.0版本，今年的峰会我们想把它打造成2.0版，以后的“生鲜产业大会”希望大家可以继续一起推进，形成常态化，把它做成3.0、4.0、5.0版本，共筑可持续、强关系、多方赢的产业联盟生态圈。

后续章节小标题（在此就不一一展开了）：

“北斗7星”：我们在行动！

销售在“痛脚”·服务医“头痛”？

中国鲜生们，向佳沛学习！

中国式佳沛·聚集式产业园模式！

未来·红红火火中国农！

应用小贴士：

（1）根据发言人身份设定讲稿风格，三种有主要形式：轻松活泼式、举重若轻式、庄严大气式。

（2）要体现对在座老前辈、老领导的尊重，既不卑不亢，又不可抢了他们的风头。

（3）植入应景的“关键词”，对发言稿进行画龙点睛式的提领，方便听众领会。

（4）可以适当使用一些现代感比较强的词汇，展现与时俱进、不守成规的新貌。

（5）用于大型峰会主办方领导发言稿的撰稿思路建议如下：

①文案有两种内容逻辑备选：

A. 问候→过去→现在→未来。

B. 问候→抛出问题→提出解决问题的策略性思路→结合当下的议程。

②对每个内容板块进行“一句话”式的标题提炼。

③演讲稿最好准备两种版本：书面稿（PPT 投影）和口语稿（Word）。书面稿凸显每个板块的标题，内容填充少用文字，可配合图表，以避免观众出现“密集恐惧”感。

第七章　精彩案例赏析

第一节　网红爆品如何写宝贝描述

在网店店铺中，页面有三种形式：店铺首页、宝贝分类页、宝贝详情页。店铺首页主要起着品牌主体形象宣传、重要信息呈现、产品信息索引、店内流量分流引导等作用。

例 1：三只松鼠品牌旗舰 C 店，阅读习惯导向式的首页架构（见表 7－1）。

表 7－1　三只松鼠首页架构

内容布局	文案摘要	策略逻辑
首页 banner	黄金周零食攻略·10 万份爆款半价抢	利益承诺 吸引注意
大图广告	黄金周的 1 万种过法·总有美味相伴	卡通呈现 拉近距离
电子优惠券	5 元券（满 98 元用） 10 元券（满 138 元用）	优惠释放 留客钩手
三大优惠活动	搞事情，疯狂送（＋赠品） 满 188 元送 100 元 好运转不停（转盘抽奖小游戏）	导入互动 消费提额

续表

内容布局	文案摘要	策略逻辑
出游篇	堵车救命神器·氧气吐司 一包恢复元气·每日坚果	消费场景预设 访客对号入座 降低选择成本 促进快速转化
宅家篇	不出门必备·巨型零食 拯救外卖迟到·蜀香牛肉	
带娃篇	堪比巧克力·碧根果（卖点：不会蛀牙） 孩子值得更好的·氧气曲奇（卖点：无膨松剂、无人工香精、无人工防腐剂）	
加班篇	营养担当·枣夹核桃仁 食力补给·猪肉脯	
逛吃篇	逛街随身装·萌 C 清口含片	
产品分类预览	品质坚果：健康生活，元气每一天 无肉不欢：肉肉就是力量 恋上坚果：拥有一袋子果蔬园 甜品供应站：女孩子还有一个装甜品的胃 饼干膨化：咔呲咔呲，烦恼全无 素食轻生活：健康新主张	根据食材属性分类 基于口感偏好描述
文案风格技巧	小清新、接地气，嫁接网络化语言 产品特性描述与实际消费场景相结合	

解决了网店首页内容架构，接下来讨论一下产品详情页（宝贝描述）。好的宝贝描述有 7 大要点：

（1）黄金 3 秒钟留客原则（标题设计、利益承诺）。

（2）销售转换 3 屏原则：关键信息建议在前 3 屏展示完全。

（3）消费场景预设、引起共鸣。

（4）表达一个最核心的卖点。

（5）运用 FAB 利益组合法进行深度说服。（备注：Feature（特性）、Advantage（优点）、Benefit（利益）。）

（6）节奏明快、一气呵成，排除信息干扰。

（7）重复核心卖点，促销机制设计：快买（限时、限量）、多买（数量、组合、复购）。

例2：某内裤爆品宝贝描述节选。

TA不止纯棉：

50支新疆长绒棉，环保无杂质，棉纤维长度达35毫米；

每匹布料经过至少5次透气测试；

拒绝闷热，每个毛孔自由呼吸。

为你而新：

重新定义·纯棉无痕；

50支精梳棉、无感标签、一片式侧缝；

空气灵感防滑带（×××无缝实验室黑科技）。

无感裤脚+AIR防滑带：

3D超声波热压技术，一体成型；

不勒臀、不变形、不留痕。

设计：

历经30余次的版型打磨；

超过200人次的试穿体验；

更适合东方女性的防夹臀裁剪；

……

文案小贴士：

（1）将行业技术语言转换成普通访客都能够理解的“生活化”语言。

（2）尽可能多运用数字描述产品的特点和卖点。

（3）FBA法应用：将特点、卖点和消费者的利益组合起来，如30余次版型打磨、超200人次试穿体验，主要对应的是“东方女性防夹臀”这一利益点。

有些产品较为单一的网店，可以采用另一种叙事式逻辑结构，将网店首页与宝贝描述合二为一。

例3：我们为某进口红酒品牌撰写的长网页文案（摘要版）。

唤醒一杯红酒，迎接来自巴罗萨的问候！
波尔多很“多”，巴罗萨很“少”。
波尔多：世界红酒殿堂，AOC葡萄酒核心产区。
巴罗萨：澳洲葡萄酒发源地，始创于1830年。
喝酒的人都懂波尔多，
但，懂酒的人更懂巴罗萨。
巴罗萨，澳南“地中海”！
源自1830年，
德国矿学家邂逅葡萄乐土——阿德雷德北麓。
德国农夫、英国绅士、法国艺术家来此开园。
百年老庄、酒号绵延不绝、比邻而立。
小山谷酒庄不大，请提前一年预定。
阿德雷德市东，巴罗萨小山谷（Barossa Valley）酒庄。
全澳TOP20醉有价值酒庄之一。
庄园核心区500公顷，
每年仅有约××万瓶红酒从这里走向全球……
西拉子，葡萄上古仙子。
西拉子（Shiraz），芳名穗乐仙。
原产法国罗讷河谷，移居巴罗萨谷：
天生于砾壤、近热带气候，更臻野性与醇熟，
兼得赤霞珠强劲厚重单宁、黑皮诺雅致馥郁果香。
Stephen Black，76岁的老酒师。
Stephen Black（史蒂芬·布莱克），
酿酒世家第6代，澳洲国宝级酿酒师！
曾是全澳著名的医药学工程师，
为新世界红酒风格做出了不可磨灭的贡献！

大师匠心手作，澳洲酩庄典范。

卓越三兄弟：Stephen Black、Robert Bader、Darren Zimmermann，

为纪念 1999 年小山谷续创酩庄，Stephen 1999 应酝而生。

Stephen 1999 **全球限酿版。**

西拉子葡萄酒，橡木桶陈酿。

14.5% 酒精度完美口感。

新世界红酒系的顽固守旧派，酝酿全过程纯手工技艺。

全球全年原瓶限酿：5 万瓶。

舌尖芭蕾，酒中宝石。

红宝石般酒液，浓郁成熟略带丝丝烟熏香料味。

酒体丰满圆润，酸度和谐。

浸漫舌翼，回荡口腔，有隐隐的丝滑黑巧克力回味。

余味悠长，有微辛雪松和橡木的芬芳。

挚友私聚，佳人佳酿。

百闻不如一“鉴”，鉴臻品，见真情！

澳洲卓越兄弟·巴罗萨 Stephen 1999。

一瓶作品级好酒，等待与你一起唤醒。

Barossa Stephen 1999 全球限酿价：

135 澳元/瓶（750 ml）

大中国区统一零售价 RMB666 元/瓶

本网先鉴之酩秒杀价 RMB：×××**元/瓶**

该“单品店铺首页”文案的内容逻辑：

与著名产区波尔多“对位”→引出本品产区巴罗萨河谷→巴罗萨历史传承→产区内本酒出品酒庄→酿酒葡萄品种介绍→酿酒大师简介→大师手作 Stephen 1999 系列→产品特点（理性）→口感体验（感性）→饮用场合、行动感召→优惠设计。

第二节　“品牌3力”之江小白体文案解构

近几年，在略显沉闷的白酒界，吹起一阵青春微风——以江小白、泸小二等为代表的年轻化小酒崭露头角。提起青春小酒，大家都会联想到“卖文案”，小白们的产品力如何仁者见仁，但我们文案人如何解构“小白体”背后的逻辑，为我们的品牌注入年轻化基因，为互动营销创造各种场景，值得探讨。

作为一个有着近20年酒龄的文案小叔，今天不谈酒好不好喝，只说文案中不中用。我们一起来看看能从“小白们”身上学到点什么。

江小白体经典版：

有时候，喜欢就是喜欢，与理智无关。
我有一瓶酒，有话对你说。
我们总是对着过去侃侃而谈，对于现在却无话可说。
每个吃货，都有一个勤奋的胃和一张劳模的嘴。
我把所有人都喝趴下，就是为了和你说句悄悄话。
容颜易老，青春会跑，一瓶江小白就倒，还叹红颜知己太少。

@最爱的老爸
偶知道你也喜欢喝两杯，
送你一瓶青春版的江小白，
证明我们没有代沟哈！

我们从如下四个维度解析“小白体”文案背后的支撑力量：

（1）清晰定位“主流消费族群”

以80后、90后为主体的有点文艺情结的新青年，追求简单、绿色、环保、低碳生活。向往简单、纯粹的人际关系，直面情绪，标榜“我就是我”，自信自谦的一群人。

（2）自造代言人并为人物性格画像

姓名：江小白
性别：男
外观：英俊
原料：水、高粱
生产日期：出生那天
保质期：永久
功能：增加勇气，提高自信心十分有效
性格特征：简单、好色
优点：便于携带，拿得出手
缺点：魅力太大，能瞬间秒杀

（3）每条文案尽可能对应相应的消费（品饮）场景

每条文案尽可能对应相应的消费（品饮）场景见表7－2。

表7－2　每条文案尽可能对应相应的消费（品饮）场景

同学/老友聚会	愿10年后我们还能聚首，愿10年后我们还是老友
	说记得联系的兄弟，却变成了多年未见的老友
	久别重逢总是，举杯前一言不发，几杯后争说多年变化
思乡怀旧	口味多了他乡的，口音还是家乡的
美食（佐餐）伴侣	每个吃货，都有一个勤奋的胃和一张劳模的嘴
异性缘酒（社交）	手机里的人已经坐在对面，你怎么还盯着手机看
寂寞独饮（情绪舒缓）	眼睛越朦胧，心里越清醒 低质量的社交，不如高质量的独处
自嘲吐槽	我们常说两句谎话：时间还早，有空再说

（4）营造互动

“小白体”语录式文案有两个最大的特点：一是摒弃了传统广告的“对立式传播”——不站在消费者的对面进行劝导或说服，而是直接以消费者视角、以第一人称发声；二是强调与顾客的互动性及深度参与感，很多大家津津乐道的“小白体”都是粉丝、酒友们的共创杰作，大量的表白体瓶套构成了产品的多样性与准定制化。

所以，江小白把酒不当酒卖，而是将之打造成众多关联场景下的一个个“道具”，卖的是不同饮用场合下的具体解决方案，如“拾人饮”誓师宴。这些场合既有厂家的定义、引导，也有粉丝们的二次创造，同时通过具有年轻、时尚属性的跨界活动，又进一步延展了产品的使用场景。小白们的生命力在于融入消费者，放下传统白酒的四平八稳和故作深沉，同粉丝们真正玩起来、嗨起来。

实战演练：

在品牌创意第十二剑——人·物性格法，曾经提到过一个沃柑人格化品牌“甘妹子”。下面我们一起实战演练：如何参照“小白体”对该类品牌的文案输出进行设定。

“甘妹子”是嫁接当下比较火，也是代表未来农产品新零售渠道趋势的个人社群化营销，属于自带体温的网红型品牌。为了区别于各种直播、小视频平台已显泛滥的“人造型”或“脂粉型”网红，我们决定返璞归真，打造一个朴实、俏丽、健康、活力的95后“当代村姑”新形象。

品牌诉求：沃柑原生派，沃选甘妹子！

甘妹子人物背景：95后，学霸型农村姑娘，系某知名农业大学高才生。颜值不俗、不假雕琢的天然型美女，不惧阳光洗礼的皮肤更显健康。由于不忍年事已高的父母在家操劳，也为了一展所学专长圆自己的当代田园梦，毅然辞去一线城市高薪工作，回家投身沃柑种植事业。

品牌人物形象设定：

立志：做中国最甘甜、最有颜值的沃柑。

最喜欢的一句话： 用心吻过的每寸土地，必有回响与收获。

穿什么： 以主产区少数民族服饰为主、现代田园风服饰为辅，偶尔来套水果主题装。

用什么： 多用传统农具进行采摘、网络直播，淡化现代农业的工业化色彩。

说什么： 针对沃柑各种销售与消费场合（见表7－3），以语录体为主打造有风格、有温度的话术。

表7－3　沃柑销售与消费场合

销售/消费场景	“甘妹子”语录设计
陪老爸下棋	爸，这一橘不算，我们再来一橘
聚会佐餐	你有某小白，我有甘妹子，沃柑了，你随意
恋爱中	你说她甜过初恋，我觉得她更像初吻
	你这么“花心”，她还这么包容……也只有“甘妹子”了
拿到成绩单	考砸啦！肯定没有好果子吃，容我赶紧吃个柑子压压惊
	考试过关，妹子我心里甘甜甘甜的
互送尝鲜随手礼	先生，这是你的“妹子”
	妹子，这是你的“鲜生”
自我激励、犒赏	吃了这一橘，助你赢下人生又一局
公司福利/团建果品	常尝甘妹子，富C鲜活力，加班不上斑

如果说“小白们”的文案是基于产品做内容生产，那么纯社交化品牌“粉红小猪妹”则是以内容为核心反向衍生产品：聚合粉丝→定位场景→发现道具→整合供应链。不管是做产品还是做内容，以后大多数快消品的社交功能将会被重新定义和再开发。（轻松一刻，手绘分享，见图7－1）

撰文后话：

喝完江小白、吃完“甘妹子”、看完小佩奇，我们来做个小结，如何让“内容型产品”从一炮而红到一路长红？可以借鉴第三章第十二

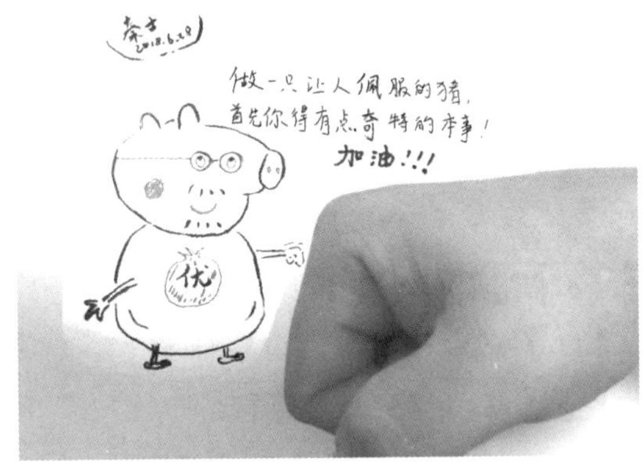

图 7－1　佩奇加油手绘稿

节人·物性格法，以及基于社交化传播生态我们塑造性格化品牌的工具人·物品牌三力模型（见图 7－2）。一个品牌在某个发展阶段，也许不必三个“球”都玩得溜，可以是一大拖两小，或者是两大带一小，但要品牌长青、营销提速，最好是这三“球”相对平衡、一起互动。

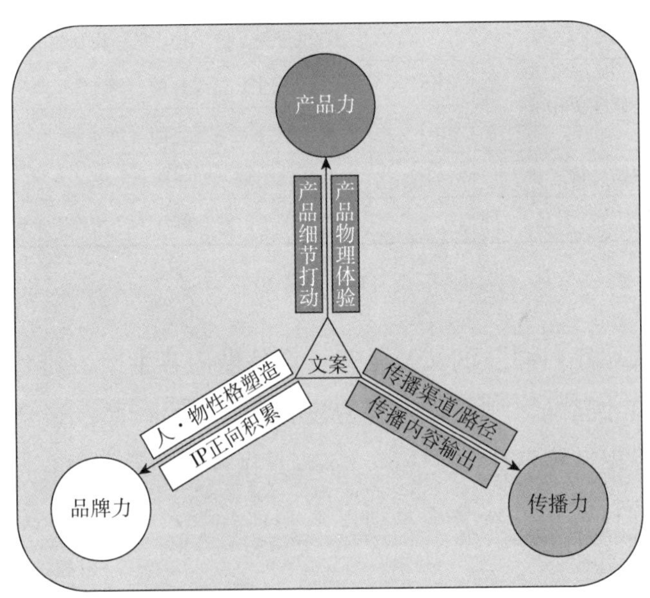

图 7－2　佩奇加油手绘稿

第三节　写出让人尖叫的“杜蕾斯体”并不难

在广告文案圈，“杜蕾斯体”堪称现象级文案，很多热点事件总是能第一时间看见“杜杜们”的身影，比如2019年春节档刷屏的“流浪地球”（见图7－3）。

图7－3　杜蕾斯系列案例——流浪地球

“杜蕾斯体”能火有两个很重要的原因：一是产品特性讨巧，是情欲营销的天然载体，这样的题材往往话题感十足，所以杜蕾斯的传播内容有很高的打开率和转发率；二是杜蕾斯已形成了比较鲜明的品牌人格化形象，即“有趣风流却不下流的撩妹高手”IP人设，且自带海量粉丝（微博粉丝300万＋）。

为了一窥杜杜们的创意手法，笔者总结“杜杜四部曲”供大家参考。

第一部：玩转谐音暗示

性用、情色产品也不能踩“广告新法”的雷，过于直白也会沦于低俗。经常采用谐音暗示：看破不说破，是杜杜文案们运用最多的技法。

这是一则发布在圣诞前夕（12 月 21 日 – 12 月 23 日）的海报（见图 7 – 4），是前夕夜、是前嬉夜、还是前……一个“嬉”字，汉字谐音运用确实不错，自然、贴切，丝毫不显生硬造作。（讲真，配图也是很有内涵。图片附文：圣诞前嬉夜　再靠近些，再站直些。）

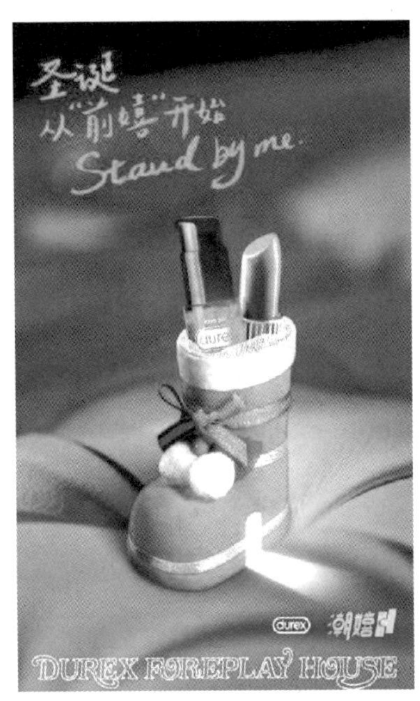

图 7 – 4　杜蕾斯系列案例——圣诞前夕

关于谐音式文案，杜杜们还有一项“高阶技能”，即对数字、英文谐音的使用，以及对数字、英文、汉字谐音组合“混搭式”的使用。印象比较深刻的有：

du

Just 杜 it!（大胆去做!）

7th 每晚，都如“期”而至。（某品牌手机 7 系列发布会热点海报文案。）

从杜杜们对谐音文案的处理手法，给我们以下两个启发：

（1）应该适当扩大“谐音素材库存”，包括汉字、英文（单词或字母）、符号（如∞、π）、拟声字/词等，让谐音文案多一些变化和更有趣的想象空间。

（2）围绕产品特性、卖点找到更贴切的关键词，然后再进行谐音转换，如类杜杜产品的关键词：

7 可以引申为：妻、7th（第七）。

夜：液——平安液。

O：叹词“噢”。

……

这种手法同样可以嫁接到其他产品，如 VR 手机。如果它的卖点是多媒体播放环境下的超长待机时间，可以是 9——久。

容常在：电池容量常在，2 年使用不竭（适用古装剧热点文案）。

如果是超强防震防摔屏幕，可以是 Nice（耐撕 or 耐摔）。

如果是立体声扬声器效果佳，可以是“醉”或“畅”：come 一起来，醉享畅的歌！

第二部：文字配图神同步

这项技能其实已经超越了单纯的文案范畴。文案和设计的配合，很多时候是根据文案内容进行“应景式”创作，互为补充，互相说明，如果能够达到“相得益彰”，甚至“1 + 1 远大于 2”的效应，这将是“优秀作品”和“普通作品”的区别。

看下面这个圣诞节海报（见图 7 – 5），深色蓝幕下，大雪纷飞，寒意来袭，画中央的“圣诞屋”对比鲜明：一片灯火通明、淡黄微橘的光把人映照得暖意融融。此时此刻，恐怕任何看到此情此景的人都有入屋的冲动，画面感染力强烈。冬天在外，热度在内！马上联想到冰火两重天的即视感。

文案“平安夜要在最暖和的地方过”也很优秀：

WINTER OUTSIDE

图 7 –5　杜蕾斯系列案例——圣诞节

HOT INSIDE

你知道什么地方最暖

MERRY DUREXMAS 2018

他山之石：文案和画面如何更好地握个手？嫁接到地产广告，或许可以是这样的两种画风：

（1）“借用部首——字·画融合”（见图 7 –6），操作并不复杂，就是把主文案文字结构的一部分，直接以实景图形嫁接、替换。桂林某“山水合院”旅游地产项目，嫁接当地日月塔、象鼻山等著名景点，推出的系列形象海报，元素应景，字·画融合，给人以清新隽永之感。

图 7 –6　借用部首创意稿

（2）还有一种是“图文表意——字·画融合”（见图7-7），这种手法是利用设计进一步强化文案的画面感，更好地实现两者的合力。

图7-7　图文表意创意手稿

第三部：一语双关留遐想

一语双关和谐音有共通之处，但我们认为其文字的表现力要更高能一些，前者可以让文字从“意”到“境”。

杜杜的四季诗集有《春日》《夏日》《秋日》《冬日》系列。时间过得好快，真是一日不见，再见已是三秋后。先上两个清淡“素炒”：

冬日诗集·壁炉

冬日的恋人，
心里都生一团火。
拥抱隔着胸膛，
温度正好。

夏日诗集·多年后的回忆

每一年，
重复一个普通的午后。
气温接近40℃，
有两代人看向同一个窗，
有3680片树叶同时反光，
有练习曲响起，

我的手指，正巧弹奏你。

诗味文案小贴士：简单现代诗可以四句成篇。

第一句：交代诗的主角处于一种什么样的状态；

第二句：描述一个与第一句相关的场景；

第三句：跳跃、换景——切换到另一个内容无直接联系、有意境关联的场景；

第四句：基于这个场景描述主角的状态。

如果还想往下写，可以重复第一到第四句的轮回。

来一段诗样文案的现场演练：

我，傻站在高傲的枫树下，
枫叶撕碎了我的情书。
又想起蟋蟀们私语的那个夏夜，
我的触角还未吻过你的脸颊。

再来尝试写几句减肥中药贴的诗样文案：

腆将军肚梦回大唐，
持双锏随秦王左突右冲。
小女儿擂响“爸气”肚皮，
你是不是也学妈咪怀了宝贝？

杜杜微案例：一个一语双关式的作品。

文案内容：“你以为早点铺的老板傻吗？每天早上送你豆浆油条？”

这条文案不作过多解释，如果看不懂只能说暂时可能还不是杜杜们的“菜”。这个画面虽然是黄色的，但人家的文案可是一点都不黄，看来有些“卖鸭卖鸡”的商家们想要“零风险”玩转情色营销，可以好好学习这一段（见图7－8）。

图7－8 杜蕾斯系列案例——早点铺

第四部：联合推广玩互嗨

当下，联合推广成为广告界的一股风尚，两个以上的品牌在同一个传播版式中形成整体输出，联合推广不光是“省广告费”这么简单。首先，它们的对话式或对位式文案，让双方共同的目标客户更快地进入预设场景，实现传播的生动化。其次，多个产品组合、多个品牌联合可以打造整体解决方案，变卖产品为卖解决方案、卖生活方式。先看看杜杜和各种品牌的联合体文案吧。

绿箭口香糖篇

亲爱的，

箭牌口香糖：

感谢你。

这么多年，感谢你在我左边，

成为购买我的借口。

你的老朋友杜蕾斯

亲爱的，
杜蕾斯：
不用谢，
有我
尽管开口。

你的老朋友绿箭

联合体文案怎么写？是门当户对，还是攀龙附凤，这是策略层面的问题暂不讨论。联合体文案先要找准产品之间的“共性关键词”，世间万物都有着千丝万缕的关联，差别在于它们是强关联还是弱关联。好的文案人可以将弱关联转换为强关联，且毫无生拉硬拽之感。

实战演练：

帮 TT 产品和克克牌运动袜做一个联合体文案？它们有什么关联？貌似不强。但我们可以先试着罗列它们的“共性关键词”：

（1）运动：都和运动、体能有关。

（2）保护：对身体特定部位都有一定的保护作用。

（3）形状：两者从形状上比较近似，一个是“可伸缩的套状”，另一个是“可弯曲的套状”。

（4）弹性：都有一定的弹性，形状与相应身体部位形成自适应。

（5）颜色：乳白色是 TT 原型颜色，白色也是运动袜的原型色。

……

我们选择其中一组有强关联，且具有直观画面感联想的共性关键词。试选择“运动”作为创作联合体文案的关键词进行实战演练：

亲爱的，
克克运动袜：
感谢你。
这么多次，
你让我脚下生根，
千“斤”不坠。

你的老朋友　TT

亲爱的，
小 TT：
也谢谢你，
帮我释放了过剩的荷尔蒙，
和你并肩作战是我的荣幸。

你的老朋友　克克

除了上述常用的文案表现形式，杜杜们还有很多以自嘲、幽默、调侃为主要标签的“语录体”文案，如3个人的儿童节不如2个人的儿童夜，还有一篇见图7－9。

图7－9　以自嘲、幽默、调侃为主要标签的“语录体”文案

更多关于“杜杜风”的文案，有兴趣的读者可以自行登录杜杜官微鉴赏、玩味。

或许写出“杜杜体”并不太难，有些文案人也觉得自己作品的创意性、趣味性，甚至话题感并不比“杜雷斯”们差，为什么就很难达到类似的刷屏效果呢？除了刚才提到的产品特殊性，还有一个很重要的原因是“杜杜”们本身就已经是一个超级大 IP，群体创意优势下的“超级内容生产力 + 千万粉丝级自主传播阵地 + 具备自传播力的内容被众多平台裂变式分发”，其产生的叠加能量确非一般品牌可比。

第四节　赏析一组地产文案的“神转折”

RH 集团 DD 项目位于 × × 市业已臻熟的人居标杆地块，也就是所谓的城市富人区，该区位的置业门槛较高且存量有限，房源“炙手可热”。

本项目户型面积区间 105 ~ 125 平方米，容积率 2. 2，“低密度、邻三大公园”是该项目的主要亮点。最初项目定位为稀缺地块精奢宅品。主流客群锚定为想搭“末班车”进入富人区的新富改需人群、邻近城市/县域的有强劲购买力的新富群体，年龄在 35 ~ 55 岁，具有一定的传统文化情结或底蕴，买房比较注重身份标签和阶层归属。产品诉求：凤岭心上 · 府定公园。故而整体文案计划采用类中式调性，撷取部分文案如下：

公园华府以稀为贵

凤冠缀宝玉
名仕享荣居
人以府聚同气相求

于此新富上心　华府低密奢居
与凤岭北交“心”
来一场 2. 2 版本艳羡之旅如何

凤岭北央　聚富比邻　罕有疏阔

富则久矣由富显贵此府莫属

望族定鼎华府荣启

然而，在进一步分析项目特点和目标客群后发现，由于产品主力户型为105～125平方米，对于原目标客群城市新贵“改需或终极改需”的主要需求而言，面积段偏小。显然，主流客源需要做进一步分析。

基于对产品特性、目标人群居住形态的深度剖析，负责人对项目的核心客群进行了重新定位（复合型）。主流客群之一为家境殷实的城市贵胄后裔——轻奢婚房；主流客群之二为事业小有所成或“嫁得好”的都市优悦女青年——金致小户、小家爱巢。同时，考虑以轻奢风拉升本项目调性与档位，采用“取上上得其上”的传播策略。故而文案输出调性为活泼但不轻佻、傲气却不土豪的霸气式“话风”。

敬真我不负俊年华

不得不承认

有些人——生而骄傲

有些物——常人难企

而立未必等三十

三十也可以不惑

RH公园大道

以华府之名——致敬城市贵胄新锐

于凤岭北心——和公园们来一场“低密”版的厮守

华宅不大足以纵情悦己 欢守挚爱

征服——征服世界的人
拥有——拥有财富的人
而后奢享没有什么不可以

产品属性没变，销售目标人群变了，文风也要随之变化。文案高手也可以是“见风使舵、信手拈来”的高手。不管是服务于甲方还是服务于乙方，于不动声色中皆大欢喜方为高手，和职场精英们共勉之。

撰文后话：

《28 天速成文案高手》实战部分至此告一段落，做一个简单回顾：从商业策略、文案工具包到创牌剑法、实战技法及精彩案例解析，在保持本书纯干货定位的同时，要兼顾读者们获得相对畅快的阅读体验，这确实有些挑战。创意能力难以学习、创意方法不好套用，一直是横亘于许多创意人、创作人面前一座不小的山。为了和有心人、同道人一起登攀，撰写本书的过程中，我们知无不言、不藏不留。希望我们的和盘托出可以让文案人更快地穿越创作盲区，翻越这座大山，从“看山不是山”到达“看山还是山”的返璞归真式创作佳境，“仁者见仁，智者见智”。

本书第四部分《文案人的当下与未来》，精彩继续！有传统文化为现代文案筑基，有中国式智略的明灯引路，也有对人工智能挑战的深度思考，还有对未来文案文风及各种黑科技的大胆创想。偶有惊人之语，是天外飞仙还是画龙点睛？请君继续品鉴！

第四部分 

文案人的当下与未来

第八章　传统文化智略

导读：以传统文化为文案筑基

或许有人认为，传统文化功底对文案创作没有太多帮助。如果把文案简单看成抖机灵、说段子，就有点小瞧文案这个职业了。文案在成为“专家”前，首先得是个“杂家”。成熟的文案需能驾驭不同的文风，上能诗词歌赋，下能打情骂俏；左手艺术创想，右手策略逻辑……

读书破万卷，下笔如有神！从文案老手向文案高手进阶，确实需要大量的阅读。在如何高效地看书、读书这件事上，笔者在此且以“一字法”做一点小小的分享（见图 8－1），我们从品“读”中国传统文化着手，继续文案进阶之旅。

图 8－1　“读”字拆解示意图

中国文字蕴藏的信息量十分丰富，即使是简化字，仍然不失真义。读书的关窍其实都在这个“读”字里面了：除了粗读、细读、笔记标注，在阅读时还可以通过自我暗示让自己进入一种浅层次的自我催眠，尽可能在大脑中还原作者创作时所处的时空背景，并把自己当成作者置入创作场景，于内容精要处直接大声诵读。此举，可大大提高我们读书的走心度与获得感。

第一节 《道德经》：以文入“道”，文案如“水”

在我们心目中，对于文案、创意人，《道德经》的灯塔式指引价值绝不会输于大卫·奥格威的《一个广告人的自白》。毫无疑问，奥格威是很多广告人的指路者，也伴随着我们走过了初涉营销界时的无助期与迷茫期。

《一个广告人的自白》有一个核心观点：创作成功的广告是一门手艺，一部分靠灵感，但是基本上是靠知识和勤奋。如果你具备一定的天赋，而且知道什么技术对收银机有作用，那你就能长久地干下去。

我们认为，撰写文案是一门“手艺”与“艺术”交融的技艺。手艺需借助无数次的重复打磨以臻成熟，而艺术需要灵感，更需要天赋，这也许就是所谓“匠人”和“大师”的区别。

那么，天赋能否被激活？灵感能不能被训练？文案的终极之道是什么？大家多读《道德经》这部 2500 年前的智慧经典，相信可以找到各自的答案。笔者谈四点个人心得以抛砖引玉，希望所有的文字工作者都能打开创造力的阀门，从写手向高手进化、从高手向大师扬升。

一、文案没有最好，只有在当下语境的“刚刚好”

上善若水。水善利万物而不争，处众人之所恶，故几于道。

文字像水（分子），用文字描述的目标——事或物，就像一个个形状各异的容器，好的文案就好似将这些文字之水，以一种很自然的状态注入容器。达到“多一分过盈，少一分则显亏”的平衡妙境，如同精到的好文章，多一字嫌多，少一字嫌少。

水有三态：冰态、液态、气态。文字也有三态：高冷范，直击痛点可视为冰态；逻辑严密、滴水不漏、娓娓道来可视为液态；情绪感染、能量传递、带入场景可视为气态。三态结合，奇正相生，就可以创造出既犀利又灵动的好文案。

二、我们不生产水，我们只是文字的搬运工

曲则全，枉则直，洼则盈，敝则新，少则得，多则惑。

水遍及地球、宇宙，其诞生过程非人力所及，每个人也只是暂时拥有它而已。文字也类似，虽有仓颉氏造字传说，但文字最初源头：远取诸物、近取诸身，是对万物的符号化表达。

写文案，就是对看似零散、无序的文字，进行不断排列、组合，并寻求最佳“排兵布阵”的过程。尤其是商业文案，以练兵类比：在选兵阶段，多多益善；在成军阶段，要百里挑一甚至杀一儆百。创作超然于文字之外，可以让我们跳出个人喜恶运词谋字，也可以让我们敢于大刀阔斧、精益求精。

三、敬畏市场永远是文案的长胜法宝

江海所以能为百谷王者，以其善下之，故能为百谷王。

要敬畏市场：在“广告新法”利剑之下，噱头营销、情色营销、排他式营销很难再任性起舞。以后文案拼什么？除了一腔热血，更是拼底蕴、拼洞察，还有海量信息“拿来”后的处理与二次创作能力。

作为文案策划人，即使能够写出很好的文字，即使常出 10 万 + 爆文，我们也只是给了客户或项目一件还算帅气的衣裳。至于他能不能追到心仪的“女神”，还得进行产品力（高、富、帅或新、奇、特）、服务力（场景设计 + 服务体验）的打造。这些或许已经超越了文案的范畴，但产品力和服务力是市场取胜的重要基石。

四、天人合一，将自己这滴水放归创意的海洋

善行者，无辙迹。善言者，无瑕谪。善数者，不用筹策。

让创意和灵感像水和空气一样，无处不在、顺手拈来、下笔有神，相信是很多文案的极致追求。“善数者，不用筹策”说的就是这种妙境。《道德经》如同一个多棱宝石，在修行人眼中，它是炼气圭臬（下有注解）；而在我们眼中，它是创意圣经。

比如很多创意人发现，许多很棒的想法都是在沐浴时或清晨半梦半醒之间产生的，这可能和潜意识被激活有关。在习读《道德经》后，笔者还有一个个人观点：每个人的思维都可能进入“天人合一”之境，可以链接人类意识文明精华层，那或许是人类亘古以来，大脑创造性思维活动在高维度时空的一种投射和积淀。

如何达至“天人合一”的创意境界？下一节《禅道：文案人出凡入圣的密道》，将和大家进行精要分享。

（圭臬注解：读音为 guī niè，是指土圭和水臬——古代测日影、正四时和测量土地的仪器，引申为某种事物的标尺、准则和法度；可以据此做出决定或判断。）

第二节　禅道：文案人出凡入圣的密道

笔者观点：以后禅修可能会成为许多创意工作者常态化作业流程之一，和人工智能一起，成为引领21世纪创意源泉大爆发的阴阳两极。

笔者心中的“禅”，认为它既不皈于佛，也不属于道，与宗教意识形态无关。中性意义上的禅，是每个人与自己身体、灵魂进行深度对话的过程。这种过程有可能是调息打坐，也可能是抚琴抄经，抑或是以极度的专注去做一件事情……

文字工作中的禅，就在于把所有的字都看成有脸谱、有性格、有灵魂的士兵。它们潜藏于你的大脑，甚至游走于虚空。你需要它们的时候，它们就会第一时间出现、集结，好似一杯装有各种溶解物或杂质的水，在动荡的环境中沉渣泛起，一片浑浊，很难透过它洞穿外面的世界。如果静下来，内外兼修地静下来，水变清澈了，世界的倒影或折射就能清晰呈现（见图8－2）。

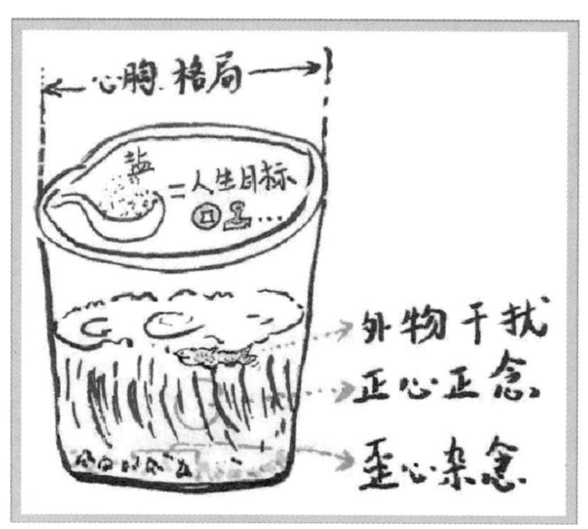

图8－2　笔者概念手绘图“杯中水”

笔者有一套亲自践行的“禅道九步静思法”，每每遇到疑惑，照此一“坐”几乎十惑九解。特将其分享给读者、有缘者，助你提升思维的敏捷度和清晰度。

第一步：静心

如果难以静心，打坐前可先抄抄《心经》、读读《道德经》之类的传统经典。心静了，大脑里的杂念自然就少了。

第二步：时机

打坐的最佳时间：子时（晚上 11 点到凌晨 1 点）、卯时（清晨 5 点到 7 点）。子时是一天中阴阳交替的时段，人打坐的实质是平衡体内阴阳、寻求身体内外能量交换的过程；而卯时是一天中微阳初升、生命力开始勃发的时段。如果条件不具备，也可以利用其他碎片化时间打坐。

第三步：光线

光线强度中等偏暗，光源最好不要直射眼睛。初学者不要选择太黑暗的环境，否则容易昏沉且缺乏心理安全感。

小窍门：每天保持充分的睡眠，不要以打坐代替睡觉，更有利于进入禅境。

第四步：声音

不求万籁俱寂，但求自然和谐，有些许虫鸣鸟叫、微微的潺潺溪流之声更佳。

第五步：嗅觉

在室内可以点一些淡雅的檀香，或在松间林下感受松脂淡香，倍感神清气爽，更有利于进入状态。（温馨提示：在野外打坐，为安全起见，建议结伴而行。）

第六步：温度

室内正常温度不冷不热即可；在外选择避风、温暖之处，不要让脖颈、膝盖、脚踝直接受风。因为打坐时体内气机驱动、微阳上升，身体毛孔会自然张开，切记不要让寒气入体。另外，打坐时身体有时会出现内热，莫名地出汗，属“阳气生发”后的正常现象，不必紧张。

第七步：活动

打坐前后，都需要有一定的热身和舒缓动作。

上坐前，脚尖快速踮起同时提肛，并深吸气；脚跟落地时缓缓将气息吐出。该组动作做24次，可冲击下丹田，有利于驱动体内气机。

打坐后的舒缓动作以踢腿和膝关节旋转为主，正反方向各9次，促进下肢血液回流，舒缓麻木的神经，避免让“坐禅”变“坐残”，预防打坐对身体造成的慢性劳损。

第八步：调息

盘腿落座，慢慢吸气，想象宇宙天地间的能量、万物灵气精华，从头顶百会穴、眉心处绵绵吸入，悠长不绝，存储于小腹正中稍作停留。然后再缓缓吐气，意从会阴而上，气走后背从督脉（脊柱）上行至颈椎上部风府穴（脑后勺下部），再上到头顶百会穴，经由鼻腔、口腔，想象将代表身体内消极负面的黑气缓缓吐出。

每组吸气、呼气的过程不低于9秒……如此至少9组呼吸轮回，之后就顺其自然。

第九步：姿势

初学者怎么舒服怎么坐，无须双盘，甚至无须单盘，直接盘腿坐下即可。用一个蒲团或枕头垫在臀部偏后位置，上身稍向前倾，不方便的时候正襟危坐也可。初习者腰部最好有靠，不必追求形式上的法相庄严。

打坐是一种灵魂与身体和谐共处的艺术，坚持下去，相信对于开拓你的灵感思维大有裨益，更有甚者可实现与自己灵魂的深度对话，激发我们的创作潜能。

第三节 《孙子兵法》：文案也有“道、天、地、将、法”

说完老子，再来聊聊孙子。“五事”——道、天、地、将、法，是《孙子兵法》理论的五大核心支柱：

道：战争的正义性，是否上下同心、万民合力。

天：时间，包括时势、气候。

地：空间，包括位置、地形。

将：战争、战役的主要组织者——帅、将。

法：军队的组织形式、保障体系、管理法度。

一、借鉴《孙子兵法》的“五事”文案出品论

我们来看看《汉语大字典》，共收录单字约 56000 个，常用汉字约 3500 个。如果把这些汉字看作你的“兵”，文案创作者如何自由地调度它们，并形成最佳战力（传播力、销售力），或许可以和《孙子兵法》做一个借鉴比对。我们将其总结为“五事文案出品论”：

道：起心动念，正知正念。

天：市场大环境与行业趋势、变革契机、产品生命周期。

地：产品及关联要素（品牌、产地、原材料、工艺、产品体验）。

将：文案、创意团队。

法：运字谋词、文风语法、读心技巧、说服逻辑、篇章架构。

其中，“将”事需注意如下五个要素：

要素一：智——策略洞察及创意创作能力。

要素二：信——创造性地传递真实产品体验，不浮夸，不虚饰。

要素三：仁——对品牌和产品的仁爱，对阅读者感同身受的同理心。

要素四：勇——敢于做减法，敢于坚持；适当冒险，勇于担当（基于岗位职权）。

要素五：严——出品流程管理，逐字逐句地严密推敲。

二、借鉴《孙子兵法》的少战、慎战思维

除了“五事文案出品论”，《孙子兵法》中“慎战”的思辨思维同

样值得借鉴。针对竞品的文案怎么写？如何不争是争？怎样趁势而上？2012 年，我们在《销售与市场》管理版发表过一篇文章——《酒水饮料行业的广告热战》，其中有一个案例分析，撷取如下。

2012 年年初，加多宝与王老吉的商标之争逐步走向公开化，行业两强之争涉及商标、包装装潢、渠道资源等层面，基本到了刺刀见红、贴身肉搏的程度，矛盾已无法调和。对凭借产品包装创新（瓶装策略）上位的行业“老三”——和其正而言，其实有一个非常好的攻城略地的机会。我们当时的建议是：明面调停，暗则借两强相争之势，蚕食中间派——两强之间的非忠诚、游离型消费者。

当时提议的核心策略是：发动“中国凉茶，以和为贵”为主题的事件营销型广告攻势，自造影响，借势刷脸。让人略感遗憾的是，和其正基本上选择了静观其变、坐山观虎斗，未见有大的市场动作。后续市场的演进也印证了我们之前的预判：两强相争扩大了整个凉茶的市场规模，“老三”却反受挤压，错失了弯道超车的良机。

在西方博弈论掌握营销主导话语权的语境下，主张：势做行业第一或唯一；市场份额敌进我退等。以《孙子兵法》《鬼谷子》为代表的中国式策略智慧，为市场竞争艺术提供了新的思路和方法论。市场非战场，更像是一种动态游走在混沌与有序之间的共生体。如何下棋布子“做眼破局”、如何上善若水“不争是争”、如何超越现有竞争规则去竞争，正是中国式营销策略的魅力与精髓所在。

第四节 唐诗：见字如画，惜字如金

汲取中华传统文化中的优秀力量，借以增强我们文案的感染力和丰满度。接下来，我们先以现代广告语的语境，解读大家熟悉的千古名诗佳句，看看文案能从唐诗中学到点什么。

李白·《望庐山瀑布》：飞流直下三千尺，疑是银河落九天。

段子手：瀑布那么高，我去，我去！

文学人：瀑如银河，高似千米。

杜甫·《茅屋为秋风所破歌》：安得广厦千万间，大庇天下寒士俱欢颜！

扎心流文案：家乡眼中的骄子，不该是他乡的游子。

逗比风文案：刚需价豪宅，笑娶白富美！

白居易·《卖炭翁》：卖炭得钱何所营？身上衣裳口中食。

某宝体：再不买炭，小二就要吃炭了……

王维·《山居秋暝》：明月松间照，清泉石上流。

地产景观篇：

××亩原生松林绕城

空气清新剔透·揽星摘月

溪涧山泉潺潺·漫石而过

自小背得唐诗三百首，如今大脑空余三五首！相信这是很多朋友的感慨，上学时总是很疑惑，为何总要学、要背古人的文章，现代也用不上。其实不然！唐诗经典金句可为文案创作提供素材与灵感，更可提升文案的语言美感和情绪感染力。

一、增强语言的节奏感和韵律感

现代商业文案中，对仗式广告语的创作与古诗接近。不管是五律诗还是七律诗，既有平仄组合，也有末尾字“韵母相同或发音近似”的写作规范，这和中国诗歌一体的文化是密不可分的。广告语的创作如稍微注意文字的节奏感和韵律感，就会明显提高其口语化传播能力。比如大家非常熟悉的巧克力广告语“只溶于口，不溶于手”，末尾字的韵母都是“ou”。

二、增强语言的画面感

李白的《月下独酌》中的“举杯邀明月，对影成三人”（三人：我、影子、月亮），还有王维《使至塞上》中的“大漠孤烟直，长河落日圆”，真正的见字如画。判断一句广告语、一段文案有没有传播力，有个非常重要的标准就是有没有“画面感”。因为画面感刺激的是右脑的感性思维，消费者越感性，越容易行动。例如：用于海景房的广告语“共揽海天·嬉浪人生”，就具有一定的画面感和意境感。

三、增强语言的意境感

商业文案不等同于文学作品，大多数的时候需要简洁、有力、清晰地传递产品与销售信息。但有的时候，在售卖类奢侈品（或普通品类的高端产品）时，往往需要跳脱产品的物理属性与利益卖点，上升到精神价值层面。这时候对语言的拿捏就经常采用“留白艺术”，话不说透留三分，给受众以“对号入座”式的场景想象空间。

看李白《将进酒·君不见》中的一个金句：“人生得意须尽欢，莫使金樽空对月。”如果单独成句，话里音：诗人畅怀，举杯邀月，豪情万丈，一副及时行乐、醉也无归的架势。话外音：酒友故交不少，知己一人难求；自问才高却功名不展，报国无门，只能寄情山水，借酒浇愁不说愁，告慰自己保持平常心。这个话外音联系下句“天生我材必有用，千金散尽还复来”就更清晰了。

我们并非语文老师，只想借此说明有时话不必言尽，功夫在诗外。

再看两条有点调子、引人思考的文案：

（1）经典是对经典的继承，经典是对经典的背叛。（梅赛德斯—奔驰）

话外音：真正的经典是，既有传承的坚守，又有自我迭代与革新的勇气。

（2）所有梦境都发生在丽兹。（丽兹酒店）

话外音：睡得舒服只是基本需求，一个做好梦、做美梦的地方才是丽兹。

撰文后话：

韵律感、画面感、意境感，这就是唐诗和现代商业文案的相通之处。多读唐诗，或许可以让文字更洒脱、更脱俗。如果李白穿越到现代，估计也是一个狂放派的文案高手。不过现代商业文案不仅是艺术创想，更是大数据分析与消费者行为学研究，文案、策划人如若经常举杯邀月、对酒当歌，一旦频频饮酒过量，对创意勃发似乎还是弊大于利的。

第五节　宋词：走心高手，文青必备

词，是一种音乐文学，它的产生、发展、创作、流传都与音乐有直接关系。词所配合的音乐叫燕乐（又叫宴乐），其主要构成是北周和隋代以来，西域胡乐与民间里巷之曲相融而成的一种新型音乐，主要用于娱乐和宴会的演奏，隋代已开始流行。

宋词是一种音乐化的语言，流畅性、韵律感也是它最大的特点之一，对应现代文案中的文艺派、清新流。再来看几条大家熟悉的宋词，用现代广告语境诠释又是什么味道？

◆**衣带渐宽终不悔，为伊消得人憔悴。**【柳永 · 蝶恋花】

这一句作者显然是害了相思病，不说自己瘦了却拿衣服说事，没想到老文艺青年们也惯用这种伎俩。这个金句也很适合做减肥机构的广告语，切换成现代广告文风：××**瘦身，让你穿回最喜欢的那件衣**！

这也是商业文案常用的一种表达手法，不直接叙事，而是说另外一件事，借以反衬所说之事，引导受众按我们预设的方向进行想象和思考。

◆**莫等闲，白了少年头，空悲切！**【岳飞·满江红】

这一句对应现代商业文案的“痛苦营销法”：同样说一个产品，既可以讲——拥有她之后是如何劲爆/酷炫/销魂，也可以说错过她之后是如何落寞/黯然/痛苦。同样是减肥机构，运用该词的“痛苦语境”进行创作：**享瘦需及时，莫等郎负心！**

◆**知否？知否？应是绿肥红瘦。**【李清照·如梦令】

美容护肤：**花想百日红？保养须趁早。**

地产园林：**海棠花开，与君初见；海棠花榭，与君相守。**

婚介平台：**狼多肉少？不存在！花草相配，刚刚好！**

◆**竹杖芒鞋轻胜马，谁怕？一蓑烟雨任平生。**【苏轼·定风波】

驴友户外用品：**做真我，风雨亦逍遥！**

实战案例：

我们曾策划一个地产项目的系列海报，分别用四个词牌名传递项目的4个关键信息：

《得胜令》：项目大卖，开盘日即九成售罄。

《贺新郎》：超期望值得房率·婚房上选。

《永遇乐》：古城人文，大师匠居，永恒品质。

《满庭芳》：城市生态资源配套，自有私家园林。

节选其中一段宋词古韵文案《满庭芳·星园叠翠》，供参考：

市政公园，近在咫尺。

滨江北堤公园，隔江须臾。

凤凰体育园，劲装戏蹴鞠。

园博园，百花常盛。

四公园，星捧月，数一品，X城“心房”。

双庭叠翠：私园更精彩！

撰文后话：

文案读宋词，提高的是对情绪感知的敏锐度及笔触的细腻度，这对于我们以后雕琢“文艺范”的文案是极好的。精简而有节奏的文字、温润的人文关怀、美好的情绪传递，是情感营销极佳的表现手法。有如一位资深美女青年，在30岁生日之际，向交往不久的男友推销自己时写道：岁月催人老，泪下，憔悴娇人！芳华还几时，孤单，熬煞风光！

相信她的男神看到此文此景，会油然而生一种怜香惜玉的情怀。看着眼前美娇人，真的担心她会蹉跎憔悴。如若她直接与男友说：“我已经30岁了，已经耗不起了，你娶我吧！”也许她的男友就会心存忐忑了，因为中国人骨子里的含蓄告诉他：你太主动了！

第六节　文言文：让你的文字充满历史感

《古代汉语》中指出：“文言是指以先秦口语为基础而形成的上古汉语书面语言，以及后来历代作家仿古作品中的语言。”

文言文是一种书面语言，注重典故、骈骊对仗、音律工整，包含策、诗、词、曲、八股、骈文等多种文体。其文风略显艰涩，按说和现代商业文案有些冲突，因为商业文案首先追求有效传播，用词直白、表达流畅是基本要求。但有些情况例外，比如为了突出一个品牌的历史感，或为了映衬一个项目的历史传承，就有机会用到文言文，甚至会“再造”一篇可以乱真的文言文。

实战案例：

我们几年前曾经为国内大月饼领军品牌——公馆黄记（现黄家月）写过一篇《公馆黄记铭》，采用了“现代文言文”风格，既有古气又不晦涩，得到客户的好评，跟随产品广为流传。在此晒出此文，“抛玉引砖”——欢迎拍砖。

《公馆黄记·铭》

合浦公馆，北海客家古镇。自汉启源，历代郡县驻驿之地。唐宋年间，于大廉山下数次建馆设驿，公馆由此得名。

公馆月饼，发轫于唐，盛于明清。至乾隆朝，饼坊兴旺，官宦之家迎来送往、百姓布衣节庆珍馔，蔚然成风。

20 世纪 80 年代，公馆黄记老号创始人黄者庆强，先筑黄记饼屋。为求精益，庆强赴粤港，拜糕饼名师；抵京津，习北派面技，融大江南北月饼制作工艺之萃，终成大器。公馆黄记大月饼，香溢馋人、甜咸有度、滋味可口，童叟皆喜。桂系大月饼，十出有五；江南诸省、沪宁苏杭，独好食公馆黄记月饼者甚众。

今公馆黄记，旺销已三十余载，然未敢丝毫懈怠，常念：承中秋之月，传福天下万家！特记此文，以飨食客。

再节选一段天津高档住宅“爱丽榭”的文案，我们认为这篇软文既有古风，大部分读者也可畅快阅读，在文学性与实用性之间平衡得不错。

《爱丽榭记》

去普罗旺斯三十里所，曰熏衣小镇，镇以薰衣草得名，昌明日盛。九零岁末，李君尔重赴法攻习园林建筑之学。越明年，偕夫人杜氏定居于此，遂付所学，共筑爱巢，累时竟成，有屋三楹，园一间，匾之曰“爱丽榭”。

爱丽榭者，以爱意为铸化。以丽园为轩庭，以露台为亭榭也。

君为人丰神秀爽，负经济之才；杜氏温婉玲珑，聪明持达。二人自相识既相惜又相爱，爱意着爱巢，故一草一木，皆其手植。园中环种小树，若海榴、石楠、罗汉之类。其他花竹，盖随意有之。隙地凿小沟渠，置金鱼数十尾。春来花发，红鳞映水，啼鸟声声，欣欣然沁心入脾。

多诵读古文名篇，浸润其神韵，可明显提高对该类体裁文案的驾驭能力。实操中先找到与项目气质契合的古文，如《岳阳楼记》的寄情于景、吞吐万物；《陋室铭》的超然自得；《爱莲说》的自命高洁；《孟子·告子》的君子自强……进行“高仿式”再创造，是文案融入古风雅韵的捷径之一。

第九章　文案写作的未来

第一节　人工智能会砸了文案人的饭碗吗

某著名门户网站曾做过一个预测，未来10年内可能会消失的十大职业，记者居然高居第一位。我们当然不尽认同，战地机器人记者、航拍采访仪等人工智能设备能够分担记者们危险的、琐碎的采集工作倒是真的，还有采、编、播三位一体的融合，有些记者正在成为多面手式的准网红。

还有一个问题，记者算文案工作者吗？大而言之当然是。如果以创作性作为区分，记者是记录者而非创作者，真实、高效地还原事件真相是他们的职责。

有别于记者，商业文案自带创作属性。既然是创作，源于生活又高于生活，每个人都可以有自己心中的哈姆雷特，都可以有适当地夸张或渲染。视角与立场的不同、文化背景及文字驾驭能力的差异，让创作型文案成为百花齐放的非标品，人工智能短期内全面替代文案难度有点大。但是阿里巴巴旗下的“阿里妈妈”海棠创意中心，2018年6月亮相戛纳创意节，却写出了让很多文案人“慌的一比”的广告金句：

◆眼线画得好，胜过开眼角！

◆抗皱滋润眼霜，年轻从第一眼决定。

◆大吸力吸油烟机，让厨房自由呼吸！

怎么样？既有痛点洞察、卖点提炼，语言也有用户思维。据说阿里人工智能（AI）还可以支持 8 种以上的文案风格，我们试选几条（见表 9－1），看看在短文案领域资深文案是否还有能力与 AI 一较高下？

表 9－1　阿里 AI 文案 PK 资深文案

粉妆类目·粉底液	文案风格	AI 文案 PK	资深文案
	特价促销风格	大牌粉底液超低价，手慢无	快手价·99 元特价大牌粉底－耶
	搞笑风格	粉底用得好，胜过去韩国	女人打底·酷，高冷女神范
	暖心风格	时间流过，你还是妈妈心中的宝贝	奶茶流淌，最甜润的还是你的脸
	走心风格	薄薄一层 CC 霜，瞬间化身小公主	妈妈逆龄 CC 霜，母女同框美成双

大家看出有什么区别了吗？海量产出、迅速出品和大数据匹配能力强是 AI 的优势，据说阿里 AI 文案无论是几个字的短标题，还是 60 字左右的商品描述，都可一键生成。最基础的短标题文案，阿里妈妈智能文案的生产能力已达到 1 秒 2 万条。话不说尽，只可意会不可言传，文字之外见功夫是资深文案的杀招。若两者结合，在 AI 海量出品的基础上，优中选优，结合文案人的多角度人性洞察，以及对文字的“阴阳属性”拿捏有度，相信可以为文案的高产和优产插上飞翔的翅膀。

所以，在 AI 应用普及化的趋势下，我们文案在拥抱变化、吸收“黑科技”的同时，也要强化职业自信。我们虽然不敢以顶尖高手自居，但放眼当前仍敢大胆挑战各种 AI 型文案。不比出品速度，比走心度、传播力和销售力或许可以一试，比如上述 PK 中的“走心风格”短文案。

AI 产出的“薄薄一层 CC 霜，瞬间化身小公主”比较直观、表象。而我们的“妈妈逆龄 CC 霜，母女同框美成双”，创意洞察基于：一方面，很多都市女性为悦己者容往往一掷千金，却忽略了如何留住妈妈的青春和美丽，以该产品为载体，激起女儿们对妈妈的愧疚补偿心理；另一方面，语言的对仗性和韵律感更强，更有画面感和人性温度。

我们认为人和机器最大的区别在于：人有“心”，机器有“芯”；心可以创造“芯”，“芯”却不能完全代替“心”。从群体来说，大数据可以将人类消费行为的各种概率推算至极致；对个体来说，尤其是能够独立思考、能够跳出“群体性焦虑”的个体，其行为却非机器可以算度。诚如佛陀所言以利他人之心来利己，看似极少数、逆人性，实则顺天道。总之一个原则：以爱为起点，以心写就的东西不易过时。

未来 AI 汹涌，文案职业会过时吗？我们认为不会，只要语言、文字没有消亡！因为对文字的驾驭能力是每个人的基础生存能力之一。未来写文案，不管是商业还是非商业，不再是一种单纯的职业生存手段，更是一种生活方式，一种与琴棋书画、传武禅修类似的身心灵提升的载体。毕竟能够将心中所思所感、每日趣闻逸事以文字语言畅快地表达出来，这本身就是一件酣畅淋漓、近乎于道的事。

如果说未来 AI 对文案职业有影响，那就是：以后文案能力将从专职文案迁徙到普罗大众。以后如果笔者还要再写一本有关文案的书，书名很可能是《论一个非专职文案的文案修养》。

第二节　文案创作新意之未来大创想

从现在到 10 年后、100 年后……

笔者虽然喜读《易经》，但并不是什么未来学家，只是作为一个热爱文字工作的营销老兵，仍然愿意开一开脑洞展望未来。大家如果觉得不靠谱，大可一笑置之。如果觉得有点参考价值，也好未雨绸缪，来者不惧。

新意一：当前，全员文案、人人段子手的时代来临。

社交媒体时代，展现自我是倾诉的需要，也是个人才艺、资源的一种变现通道。微商、抖商全员皆商，快手、火山人人视频。优秀的短视频可以没有对白、旁白、字幕，但不能没有拍摄脚本——哪怕它只构思于你的大脑。因为视频再短，也有内容逻辑。如何在极短的时间内，有节奏地呈现内容并形成强劲的打动力，专业文案和“网红式段子手们”此处可以握个手。

新意二：3年后，AI机器人与文案人“双剑合璧”。

产品卖给谁、在哪里卖、产品的特点有哪些、价格如何、文案字数……输入这些关键信息，AI就可以“秒出”N条方案供你选择，文案稍加微调或优化就可以快速出品各类文案，两者的合作将成为常态。

新意三：5年后，“全息富媒体”将重新定义传统广告的呈现形式。

这个富媒体不仅包括传统意义上的听觉、视觉，还有嗅觉、光感、味觉、触觉、温度感应。说得具体一点，可能有人会发明一个推售一体的广告机器人，这个机器人可以自动计算、识别，哪里人多就往哪里去；或者以性别、年龄、衣着，甚至是过往消费者的“脸部识别”背后的大数据，精准识别受众特征后，以全息投影立体展现相应的产品；对应不同的产品可以自动合成、模拟、再现各种气味；也可自动匹配、调取、播放产品打开或使用时的各种声音，部分产品可以模拟触感、还原温度……真正实现广告所见即所得，以达到声、嗅、视的同步呈现。

新意四：10年后，理工男的春天来了。

很多领域或产品商业文案的文艺性将下降，科学性将上升。这和两个因素有关：其一，人们的科学素养上来了，靠几篇所谓“核弹式”的软文就让一些“概念包装型产品”被顾客疯抢的时代很难再现。其二，可以预见未来10年、20年、50年很多黑科技产品将从科幻原型走向千家万户。这需要文案人既有程序员般的缜密逻辑思维，也要具备将讳莫如深的技术语言转换为通俗化、生动化消费者语言的能力。

新意五：30年后，逆品牌与传统品牌共生，返璞归真式文案“清流上位”。

在大数据精准匹配逆向供应链系统的推动下，未来品牌作为商品选择的标签功能逐渐弱化，传统标准化商品将按需生产、没有浪费，商业文案也随之呈现极度标准化趋势。

大部分社会分工将被人工智能与机器人所取代，虽然这个过程中会衍生一些新的职业，但新职业人口数量不足以替补消逝职业人口的数量。届时，工作并非人们谋生的必需手段，转而寻求个人爱好和天赋的释放，涌现大量的匠人型和艺术型产品，个性化产品有望回归逆品牌时代。对这类产品的描述，文字将脱去浮华的外衣，朴实诚恳，甚至自爆其短，返璞归真式文案的话语权将进一步上升。

新意六：100 年或 200 年后，科幻照进现实。

未来文案长什么样？我们大胆揣度一下，以简洁精练的短句为主，阅读时节奏感更强；针对各类“懒癌患者”，做各种黑科技的亲民型传播者；尽可能少挟带作者的个人情绪和渲染。如果一定要在理性和感性间找到平衡点，应该是 80% 的理性、20% 的感性。

为了和大家更直观地探讨未来型文案的文风与叙事逻辑，笔者试写一段“未来体”地产文案，供大家茶余饭后一乐。

2188 年，旅途再精彩别忘记这个球

旅途再精彩，别忘了这个蓝色的球。苍穹之居，宇宙地球人的精神原乡，蓝色星球上的“小星球”，孕自大地母体，坐落于东方之国的崛起地标。

超导材料圆顶穹庐，覆——星系级飞行物外壳同等级飞米隐形网，可抗 1000 吨炸药（TNT）级流星及各类不明飞坠物。模拟类光合作用恒温系统，全屋可自由旋转：支持自适应阳光及人工预设模式。全视角观景露台，全息投射弧形天幕，可切换虚拟、实镜模式，即时链通地球、火星、边沿卫星三地超限之镜。手之所指、声之所至，“三球”全域视角、360°星空瀚景尽收眼底。支持眼球转动换景、支持手指感应缩放：切换微观细节与宏观瞰景。“苍穹”外体附带超频微振自清洁功能，全季候净透无须机器人打理。

配备生物速成 DIY 培育舱室，无太空异能辐射之扰：高能蔬果胶囊，全程辐照“露磁”精微高频能量，与中国古代道家的“炁”有异曲同工之妙，能量级是其 1024 倍。进食虽已非生存必需，不过偶尔享受一下纯粹的味蕾奇妙之旅，仍有必要……

遥想过去，或许有一个你们口中的“苦憋”文案大叔，此刻正妄图窥探我们今日“半人半神”的极智生活。如果你有办法穿越过来，这个圆乎乎的房子就归你啦……你们的历史对我们已无秘密可言，不过听一个“古人”聊一些在我们今天看来“陈年 OUT”的话题，应该是一件有趣的事。

上述这些“新意”，有的正在发生、有的或许即将发生、有的可能就是未知，文案大可以坐观其变。说不定某些未来的黑科技产品就可以在我们这代人身上一一呈现。继续任性穿越，未来将有哪些黑科技产品走向普罗大众：光合作用超导纤维服装、地效飞行双座汽车、可控制宇宙射线的悬浮式城市空气净化器、能根据光照/风向自旋转的房子……

后　记

写到这里，《这样写文案，就没有卖不动的产品 ：28 天高手特训法》已至尾声。那么，28 天能不能成为文案高手？如果你是零基础或文案小白我不敢打包票，但是有一点可以肯定：不管是不是零起步，暂时放空心境，用心看完此书，相信你对商业文字的掌控力可以得到质的提升。

即便如此，在写此书时我们仍有些许忐忑。近 20 年和营销策划、广告创意、商业文案打交道，走的是营销派、实战流路线，自觉对商业文字的把控也算游刃有余。但是自己写和教别人写，是完全不一样的挑战。

打个不恰当的比喻，庖丁或许蒙着眼睛解牛也能够 PK 很多专业屠夫，但如果你让他写一本《庖丁解牛论》，估计对他而言是一个巨大的挑战。因为不仅仅要将经验值上升到理论高度，系统性地阐述动物解剖学，更要将心神意会和所谓的“道”，介于玄学与心理学的自我意识境界，以文字形式尽可能地精准呈现。

在当下阅读屏幕化、学习碎片化的时空下，摒弃杂念、一鼓作气地写完这本集“谋划策略、创意工具、创作体系”为一体的专业文案工具书，确实是一个不小的挑战。直面挑战，日夜躬耕，终于将 20 年来经市场实战打磨所建立的理论体系著书立说。感谢前辈们、朋友们，你们的期许和鼓励是我们奋笔向前的最大动力！

在选题 PPT 中有一段话让我们印象深刻，更坚定了我们完成此书的决心。文案类书籍市面上较为丰富，但案例描述类占比很大，可能是因为创意方法不容易表达和套用。我们能够从巧妙归纳的角度，结合读者的需求进行系统性整理，并对创意活动进行手把手的指导，方便读者拿来就用。

在此，向博瑞森图书默默耕耘专注于纸质出版物传播的公心致敬！我们坚信：传统纸质书籍的油墨清香沁人心脾，更平心静气，是所有热爱学习的朋友们抵御浮躁、自强精进的最好工具和沟通伙伴。

还要感谢一起奋战的好友们提供了部分经典案例和所需素材。同时，感谢所载案例的主人们、前辈们，本书因你们的案例更显丰满、更赋精彩！如果书中出现部分案例或素材未能注明出处的请来信告知，再版时另行补充。对本书援引案例的点评、分析、解构，纯属个人行为和个人观点，如有不妥之处，恳请来信探讨、指正。

另外，感谢我们自己及家人。完成这本书的初稿，前后费时逾半年，过程艰辛，冷暖自知。尤其是最后两个月的攻坚和修改，反复经历了逐字逐句地推敲和优化过程，堪称夜以继日、废寝忘食，最终在家人们和朋友们的鼎力支持和无私奉献下，终于画上句号。

尺有所短，寸有所长。笔者长于策略和文案，在涉及新媒体的篇章，由于新平台、新工具、新玩法迭代迅猛，变数颇多，如有疏漏之处还请谅解。不过有一点可以肯定：内容形式不断更新、传播媒介不断多元，但对于人性的洞察、揣情是一种永恒的能力。拥有了这项能力，即使面对媒介爆炸、信息粉尘、时代迭变，任何创意都可以做到拨云见日、直指人心、直达目标。

最后，希望读者们都可以借此书为“梯”，找到你工作、技艺中的“道”，奇正相生、阴阳结合，更加愉悦地享受创意的快感和文字的乐趣，并触类旁通，提升你在其他领域的感悟力与洞察力。让我们共同致力于以自身成长改善人生命运，并令这世界变得更加美好！祝愿每位读者都能从本书中有所得、有所悟，提高驾驭文字的能力，甚至驾驭人生的能力：以笔为剑、运字如玑、挥斥方遒、得意人生！

此书或许仍有遗漏缺陷之处，希望通过后续和读者们的交流使其更臻完善。读者如有问题，欢迎来信或申请加入读者交流群进行探讨，我们一定尽可能及时回复。电子邮箱：TOPwenan@ 163. com；管理员微信号 Q – Anier（入群口令：28 天文案），下方附微信二维码。谢谢大家！

秦剑 刘博

推荐作者得新书！

博瑞森征稿启事

亲爱的读者朋友：

感谢您选择了博瑞森图书！希望您手中的这本书能给您带来实实在在的帮助！

博瑞森一直致力于发掘好作者、好内容，希望能把您最需要的思想、方法，一字一句地交到您手中，成为管理知识与管理实践的桥梁。

但是我们也知道，有很多深入企业一线、经验丰富、乐于分享的优秀专家，或者忙于实战没时间，或者缺少专业的写作指导和便捷的出版途径，只能茫然以待……

还有很多在竞争大潮中坚守的企业，有着异常宝贵的实践经验和独特的洞察，但缺少专业的记录和整理者，无法让企业的经验和故事被更多的人了解、学习……

对读者而言，这些都太遗憾了！

博瑞森非常希望能将这些埋藏的“宝藏”发掘出来，贡献给广大读者，让更多的人从中受益。

所以，我们真心地邀请您，我们的老读者，帮我们搜寻：

推荐作者

可以是您自己或您的朋友，只要对本土管理有实践、有思考；可以是您通过网络、杂志、书籍或其他途径了解的某位专家，不管名气大小，只要他的思想和方法曾让您深受启发。

可以是管理类作品，也可以超出管理，各类优秀的社科作品或学术作品。

推荐企业

可以是您自己所在的企业，或者是您熟悉的某家企业，其创业过程、运营经历、产品研发、机制创新，等等。无论企业大小，只要乐于分享、有值得借鉴书写之处。

总之，好内容就是一切！

博瑞森绝非“自费出书”，出版费用完全由我们承担。您推荐的作者或企业案例一经采用，我们会立刻向您赠送书币 1000 元，可直接换取任何博瑞森图书的纸书或电子书。

感谢您对本土管理原创、博瑞森图书的支持！

推荐投稿邮箱：bookgood@126.com　　推荐手机：13611149991

1120本土管理实践与创新论坛

这是由100多位本土管理专家联合创立的企业管理实践学术交流组织,旨在孵化本土管理思想、促进企业管理实践、加强专家间交流与协作。

论坛每年集中力量办好两件大事:第一,“**出一本书**”,汇聚一年的思考和实践,把最原创、最前沿、最实战的内容集结成册,贡献给读者;第二,“**办一次会**”,每年11月20日本土管理专家们汇聚一堂,碰撞思想、研讨案例、交流切磋、回馈社会。

论坛理事名单(以年龄为序,以示传承之意)

企业案例·老板传记

	书名．作者	内容/特色	读者价值
企业案例·老板传记	**你不知道的加多宝:原市场部高管讲述** 曲宗恺　牛玮娜　著	前加多宝高管解读加多宝	全景式解读,原汁原味
	借力咨询:德邦成长背后的秘密 官同良　王祥伍　著	讲述德邦是如何借助咨询公司的力量进行自身与发展的	来自德邦内部的第一线资料,真实、珍贵,令人受益匪浅
	娃哈哈区域标杆:豫北市场营销实录 罗宏文　赵晓萌　等著	本书从区域的角度来写娃哈哈河南分公司豫北市场是怎么进行区域市场营销,成为娃哈哈全国第一大市场、全国增量第一高市场的一些操作方法	参考性、指导性,一线真实资料
	六个核桃凭什么:从0过100亿 张学军　著	首部全面揭秘养元六个核桃裂变式成长的巨著	学习优秀企业的成长路径,了解其背后的理论体系
	像六个核桃一样:打造畅销品的36个简明法则 王　超　范　萍　著	本书分上下两篇:包括"六个核桃"的营销战略历程和36条畅销法则	知名企业的战略历程极具参考价值,36条法则提供操作方法
	解决方案营销实战案例 刘祖轲　著	用10个真案例讲明白什么是工业品的解决方案式营销,实战、实用	有干货、真正操作过的才能写得出来
	招招见销量的营销常识 刘文新　著	如何让每一个营销动作都直指销量	适合中小企业,看了就能用
	我们的营销真案例 联纵智达研究院　著	五芳斋粽子从区域到全国/诺贝尔瓷砖门店销量提升/利豪家具出口转内销/汤臣倍健的营销模式	选择的案例都很有代表性,实在、实操!
	中国营销战实录:令人拍案叫绝的营销真案例 联纵智达　著	51个案例,42家企业,38万字,18年,累计2000余人次参与……	最真实的营销案例,全是一线记录,开阔眼界
	双剑破局:沈坤营销策划案例集 沈　坤　著	双剑公司多年来的精选案例解析集,阐述了项目策划中每一个营销策略的诞生过程,策划角度和方法	一线真实案例,与众不同的策划角度令人拍案叫绝、受益匪浅
	宗:一位制造业企业家的思考 杨　涛　著	1993年创业,引领企业平稳发展20多年,分享独到的心得体会	难得的一本老板分享经验的书
	简单思考:AMT咨询创始人自述 孔祥云　著	著名咨询公司(AMT)的CEO创业历程中点点滴滴的经验与思考	每一位咨询人,每一位创业者和管理经营者,都值得一读
	边干边学做老板 黄中强　著	创业20多年的老板,有经验、能写、又愿意分享,这样的书很少	处处共鸣,帮助中小企业老板少走弯路
	三四线城市超市如何快速成长:解密甘雨亭 IBMG国际商业管理集团　著	国内外标杆企业的经验+本土实践量化数据+操作步骤、方法	通俗易懂,行业经验丰富,宝贵的行业量化数据,关键思路和步骤
	中国首家未来超市:解密安徽乐城 IBMG国际商业管理集团　著	本书深入挖掘了安徽乐城超市的试验案例,为零售企业未来的发展提供了一条可借鉴之路	通俗易懂,行业经验丰富,宝贵的行业量化数据,关键思路和步骤

互联网+

	书名．作者	内容/特色	读者价值
互联网+	**新营销** 刘春雄　著	新营销的新框架体系是场景是产品逻辑,IP是品牌逻辑,社群是连接逻辑,传播是营销逻辑	助力品牌商实现由传统营销到新营销的理念和行动的跨越,助力企业打赢升级转型之仗
	企业微信营销全指导 孙　巍　著	专门给企业看到的微信营销书,手把手教企业从小白到微信营销专家	企业想学微信营销现在还不晚,两眼一抹黑也不怕,有这本书就够

续表

互联网+	**企业网络营销这样做才对：B2B大宗B2C** 张　进　著	简单直白拿来就用，各种窍门信手拈来，企业网络营销不麻烦也不用再头疼，一般人不告诉他	B2B、大宗B2C企业有福了，看了就能学会网络营销
	互联网时代的银行转型 韩友诚　著	以大量案例形式为读者全面展示和分析了银行的互联网金融转型应对之道	结合本土银行转型发展案例的书籍
	正在发生的转型升级·实践 本土管理实践与创新论坛　著	企业在快速变革期所展现出的管理变革新成果、新方法、新案例	重点突出对于未来企业管理相关领域的趋势研判
	触发需求：互联网新营销样本·水产 何足奇　著	传统产业都在苦闷中挣扎前行，本书通过鲜活的案例告诉你如何以需求链整合供应链，从而把大家熟知的传统行业打碎了重构、重做一遍	全是干货，值得细读学习，并且作者的理论已经经过了他亲自操刀的实践检验，效果惊人，就在书中全景展示
	移动互联新玩法：未来商业的格局和趋势 史贤龙　著	传统商业、电商、移动互联，三个世界并存，这种新格局的玩法一定要懂	看清热点的本质，把握行业先机，一本书搞定移动互联网
	微商生意经：真实再现33个成功案例操作全程 伏泓霖　罗晓慧　著	本书为33个真实案例，分享案例主人公在做微商过程中的经验教训	案例真实，有借鉴意义
	阿里巴巴实战运营——14招玩转诚信通 聂志新　著	本书主要介绍阿里巴巴诚信通的十四个基本推广操作，从而帮助使用诚信通的用户及企业更好地提升业绩	基本操作，很多可以边学边用，简单易学
	阿里巴巴实战运营2：诚信通热卖技巧 聂嵘海　著	诚信通TOP商家赚钱的密码箱，手把手教你操作，拿来就用	图文并茂，内容齐全，直接可以对照使用
	抖音营销如何做：未来抖商 刘大贺　著	解密从0到1亿粉丝的实操路径，深度剖析抖音营销全系统策略	企业做抖音营销的第一书
	微商团队长：从入门到精通 罗品牌　著	由浅入深，涵盖微商团队长必学技能的方方面面	只要照着做，就能当好微商团队长
	互联网精准营销 蒋　军　著	怎么在互联网时代整体策划、包装品牌和产品，并在此基础上为企业设计商业模式，技术实现并运营落地	为有基础的小微企业（大企业的新项目）1年实现销售额过亿，2年对接资本，3年左右准IPO
	今后这样做品牌：移动互联时代的品牌营销策略 蒋　军　著	与移动互联紧密结合，告诉你老方法还能不能用，新方法怎么用	今后这样做品牌就对了
	互联网+“变”与“不变”：本土管理实践与创新论坛集萃·2016 本土管理实践与创新论坛　著	本土管理领域正在产生自己独特的理论和模式，尤其在移动互联时代，有很多新课题需要本土专家们一起研究	帮助读者拓宽眼界、突破思维
	创造增量市场：传统企业互联网转型之道 刘红明　著	传统企业需要用互联网思维去创造增量，而不是用电子商务去转移传统业务的存量	教你怎么在“互联网+”的海洋中创造实实在在的增量
	重生战略：移动互联网和大数据时代的转型法则 沈　拓　著	在移动互联网和大数据时代，传统企业转型如同生命体打算与再造，称之为“重生战略”	帮助企业认清移动互联网环境下的变化和应对之道
	画出公司的互联网进化路线图：用互联网思维重塑产品、客户和价值 李　蓓　著	18个问题帮助企业一步步梳理出互联网转型思路	思路清晰、案例丰富，非常有启发性
	7个转变，让公司3年胜出 李　蓓　著	消费者主权时代，企业该怎么办	这就是互联网思维，老板有能这样想，肯定倒不了
	跳出同质思维，从跟随到领先 郭　剑　著	66个精彩案例剖析，帮助老板突破行业长期思维惯性	做企业竟然有这么多玩法，开眼界

续表

行业类:零售、白酒、食品/快消品、农业、医药、建材家居等			
	书名.作者	内容/特色	读者价值
零售·超市·餐饮·服装	**总部有多强大,门店就能走多远** IBMG 国际商业管理集团　著	如何把总部做强,成为门店的坚实后盾	了解总部建设的方法与经验
	超市卖场定价策略与品类管理 IBMG 国际商业管理集团　著	超市定价策略与品类管理实操案例和方法	拿来就能用的理论和工具
	连锁零售企业招聘与培训破解之道 IBMG 国际商业管理集团　著	围绕零售企业组织架构、培训体系建设等内容进行深刻探讨	破解人才发现和培养瓶颈的关键点
	中国首家未来超市:解密安徽乐城 IBMG 国际商业管理集团　著	介绍了乐城作为中国首家未来超市从无到有的传奇经历	了解新型零售超市的运作方式及管理特色
	三四线城市超市如何快速成长:解密甘雨亭 IBMG 国际商业管理集团　著	揭秘一家三四线连锁超市的经验策略	不但可以欣赏它的优点,而且可以学会它成功的方法
	新零售　新终端 迪智成咨询团队　著	梳理和提炼新零售的系统打法,将之落地在新终端建设上	让新零售这一看似形而上的商业概念有了可以落地的立足点
	新零售动作分解:建材　家居家具 盛斌子　著	第一本锁定在家居建材、家电、家装等耐用消费品领域谈新零售的书	第一本谈新零售的具体动作、策略、方法、招术的书,拿来就用
	新零售进化趋势与未来格局 李政权　著	通过业态、品类、体验、场景等,逐一呈现新零售的未来进化	就新零售未来的发展方向与进化趋势给出一个确定性的未来
	涨价也能卖到翻 村松达夫　【日】	提升客单价的 15 种实用、有效的方法	日本企业在这方面非常值得学习和借鉴
	移动互联下的超市升级 联商网专栏频道　著	深度解析超市转型升级重点	帮助零售企业把握全局、看清方向
	手把手教你做专业督导:专卖店、连锁店 熊亚柱　著	从督导的职能、作用,在工作中需要的专业技能、方法,都提供了详细的解读和训练办法,同时附有大量的表单工具	无论是店铺需要统一培训,还是个人想成为优秀的督导,有这一本就够了
	百货零售全渠道营销策略 陈继展　著	没有照本宣科、说教式的絮叨,只有笔者对行业的认知与理解,庖丁解牛式的逐项解析、展开	通俗易懂,花极少的时间快速掌握该领域的知识及趋势
	零售:把客流变成购买力 丁　昀　著	如何通过不断升级产品和体验式服务来经营客流	如何进行体验营销,国外的好经营,这方面有启发
	餐饮企业经营策略第一书 吴　坚　著	分别从产品、顾客、市场、盈利模式等几个方面,对现阶段餐饮企业的发展提出策略和思路	第一本专业的、高端的餐饮企业经营指导书
	餐饮新营销 杨　勇　程绍珊　著	在新环境下,对餐饮营销管理进行了全面深入的解读,提供了方式方法	全面性、系统性,区别于市面上的纯操作类作品
	电影院的下一个黄金十年:开发·差异化·案例 李保煜　著	对目前电影院市场存大的问题及如何解决进行了探讨与解读	多角度了解电影院运营方式及代表性案例
	赚不赚钱靠店长:从懂管理到会经营 孙彩军　著	通过生动的案例来进行剖析,注重门店管理细节方面的能力提升	帮助终端门店店长在管理门店的过程中实现经营思路的拓展与突破
耐消品	**商用车经销商运营实战** 杜建君　王朝阳　章晓青　等著	从管理到经营,从销售到服务,系统化运作全指导	为经销商经营开阔思路,掌握方法
	汽车配件这样卖:汽车后市场销售秘诀 100 条 俞士耀　著	汽配销售业务员必读,手把手教授最实用的方法,轻松得来好业绩	快速上岗,专业实效,业绩无忧

续表

耐消品	**润滑油销售:这样说这样做更有效** 张金荣　著	针对渠道、经销商、终端的超实用话术	上车看,下车用,3 分钟就能学会。
	新经销:新零售时代,教你做大商 黄润霖　著	从选址、产品、促销、团队、规模阐述新经销变与不变的市场手法和操作思路	实地拜访近 100 位经销商在传统营销手法上的创新、新营销工具的发现
	珠宝黄金新营销 崔德乾　著	营销、品牌、产品、连接、场景、社群、服务、传播、管理及产业价值链	新营销在珠宝行业的实战应用,业内必备第一书
	跟行业老手学经销商开发与管理:家电、耐消品、建材家居 黄润霖　著	全部来源于经销商管理的一线问题,作者用丰富的经验将每一个问题落实到最便捷快速的操作方法上去	书中每一个问题都是普通营销人亲口提出的,这些问题你也会遇到,作者进行的解答则精彩实用
白酒	**酒水饮料快消品餐饮渠道营销手册** 朱伟杰　著	主要针对快消品(酒水、饮料)的餐饮渠道,提供了区域、商圈、不同业态的规划和促销安排等多种工具,并提出了经销商、批发商等相关人员的管理方法	一本酒水饮料如何在餐饮渠道销售的全能手册,内容深入翔实,可以直接照搬套用,这样的便利简直千金不换
	白酒到底如何卖 赵海永　著	以市场实战为主,多层次、全方位、多角度地阐释了白酒一线市场操作的最新模式和方法,接地气	实操性强,37 个方法、6 大案例帮你成功卖酒
	变局下的白酒企业重构 杨永华　著	帮助白酒企业从产业视角看清趋势,找准位置,实现弯道超车的书	行业内企业要减少 90%,自己在什么位置,怎么做,都清楚了
	1. 白酒营销的第一本书(升级版) **2. 白酒经销商的第一本书** 唐江华　著	华泽集团湖南开口笑公司品牌部长,擅长酒类新品推广、新市场拓展	扎根一线,实战
	区域型白酒企业营销必胜法则 朱志明　著	为区域型白酒企业提供 35 条必胜法则,在竞争中赢销的葵花宝典	丰富的一线经验和深厚积累,实操实用
	10 步成功运作白酒区域市场 朱志明　著	白酒区域操盘者必备,掌握区域市场运作的战略、战术、兵法	在区域市场的攻伐防守中运筹帷幄,立于不败之地
	酒业转型大时代:微酒精选 2014 - 2015 微酒　主编	本书分为五个部分:当年大事件、那些酒业营销工具、微酒独立策划、业内大调查和十大经典案例	了解行业新动态、新观点,学习营销方法
快消品·食品	**中国快消品营销的这些年** 史贤龙　著	作者精华文章的合集,一本书浓缩了过去十五年,中国营销的实战历程与前沿思考	快消品营销行业的案例和方法都原汁原味呈现,在反映当时风貌的同时,展望与反思
	营销中国茶:2 小时读懂茶叶营销 史贤龙　著	从不同视角对中国的茶营销进行了思考,内容涉及中国茶产业战略困境、茶企规模化、茶品牌崛起、茶文化、茶营销、茶消费、茶零售、茶道等	内容丰富扎实,文字流畅,浓缩的都是精华,让你 2 小时读懂茶叶营销
	这样打造快消品标杆市场 罗宏文　著	帮助你解决如何成功打造标杆市场和进行持续增量管理两大问题	一套系统的方法论,通俗易懂,可以直接套用
	5 小时读懂快消品营销:中国快消品案例观察 陈海超　著	多年营销经验的一线老手把案例掰开了、揉碎了,从中得出的各种手段和方法给读者以帮助和启发	营销那些事儿的个中秘辛,求人还不一定告诉你,这本书里就有
	快消品招商的第一本书:从入门到精通 刘　雷　著	深入浅出,不说废话,有工具方法,通俗易懂	让零基础的招商新人快速学习书中最实用的招商技能,成长为骨干人才
	乳业营销第一书 侯军伟　著	对区域乳品企业生存发展关键性问题的梳理	唯一的区域乳业营销书,区域乳品企业一定要看

续表

快消品·食品	**金龙鱼背后的粮油帝国** 余　盛　著	讲述金龙鱼品牌及母公司丰益国际的商业冒险故事	在精彩的阅读体验中学到营销管理的方法
	食用油营销第一书 余　盛　著	10 多年油脂企业工作经验,从行业到具体实操	食用油行业第一书,当之无愧
	中国茶叶营销第一书 柏　龑　著	如何跳出茶行业“大文化小产业”的困境,作者给出了自己的观察和思考	不是传统做茶的思路,而是现在商业做茶的思路
	调味品企业八大必胜法则 张　戟　著	八大规律性的关键成功要素,背后都有本土调味品企业的成功实践	“观点阐述 + 案例描述”,行业必读
	调味品营销第一书 陈小龙　著	国内唯一一本调味品营销的书	唯一的调味品营销的书,调味品的从业者一定要看
	快消品营销人的第一本书:从入门到精通 刘　雷　伯建新　著	快消行业必读书,从入门到专业	深入细致,易学易懂
	变局下的快消品营销实战策略 杨永华　著	通胀了,成本增加,如何从被动应战变成主动的“系统战”	作者对快消品行业非常熟悉、非常实战
	快消品经销商如何快速做大 杨永华　著	本书完全从实战的角度,评述现象,解析误区,揭示原理,传授方法	为转型期的经销商提供了解决思路,指出了发展方向
	快消品营销:一位销售经理的工作心得 2 蒋　军　著	快消品、食品饮料营销的经验之谈,重点图书	来源与实战的精华总结
	快消品营销与渠道管理 谭长春　著	将快消品标杆企业渠道管理的经验和方法分享出来	可口可乐、华润的一些具体的渠道管理经验,实战
	成为优秀的快消品区域经理(升级版) 伯建新　著	用“怎么办”分析区域经理的工作关键点,增加 30% 全新内容,更贴近环境变化	可以作为区域经理的“速成催化器”
	销售轨迹:一位快消品营销总监的拼搏之路 秦国伟　著	本书讲述了一个普通销售员打拼成为跨国企业营销总监的真实奋斗历程	激励人心,给广大销售员以力量和鼓舞
	快消老手都在这样做:区域经理操盘锦囊 方　刚　著	非常接地气,全是多年沉淀下来的干货,丰富的一线经验和实操方法不可多得	在市场摸爬滚打的“老油条”,那些独家绝招妙招一般你问都是问不来的
	动销四维:全程辅导与新品上市 高继中　著	从产品、渠道、促销和新品上市详细讲解提高动销的具体方法,总结作者 18 年的快消品行业经验,方法实操	内容全面系统,方法实操
农业	**饲料营销有方法:策略　案例　工具** 陈石平　著	跳出饲料看饲料,根据饲料营销的关键成功要素(KSF)提出 7 大核心命题	紧跟农牧产业发展大势,提高饲料企业营销竞争力
	新农资如何换道超车 刘祖轲　等著	从农业产业化、互联网转型、行业营销与经营突破四个方面阐述如何让农资企业占领先机、提前布局	南方略专家告诉你如何应对资源浪费、生产效率低下、产能严重过剩、价格与价值严重扭曲等
	中国牧场管理实战:畜牧业、乳业必读 黄剑黎　著	本书不仅提供了来自一线的实际经验,还收入了丰富的工具文档与表单	填补空白的行业必读作品
	中小农业企业品牌战法 韩　旭　著	将中小农业企业品牌建设的方法,从理论讲到实践,具有指导性	全面把握品牌规划,传播推广,落地执行的具体措施
	农资营销实战全指导 张　博　著	农资如何向“深度营销”转型,从理论到实践进行系统剖析,经验资深	朴实、使用!不可多得的农资营销实战指导
	农产品营销第一书 胡浪球　著	从农业企业战略到市场开拓、营销、品牌、模式等	来源于实践中的思考,有启发
	变局下的农牧企业 9 大成长策略 彭志雄　著	食品安全、纵向延伸、横向联合、品牌建设……	唯一的农牧企业经营实操的书,农牧企业一定要看

续表

医药	**在中国，医药营销这样做：时代方略精选文集** 段继东　主编	专注于医药营销咨询15年，将医药营销方法的精华文章合编，深入全面	可谓医药营销领域的顶尖著作，医药界读者的必读书
	医药新营销：制药企业、医药商业企业营销模式转型 史立臣　著	医药生产企业和商业企业在新环境下如何做营销？老方法还有没有用？如何寻找新方法？新方法怎么用？本书给你答案	内容非常现实接地气，踏实谈问题说方法
	医药企业转型升级战略 史立臣　著	药企转型升级有5大途径，并给出落地步骤及风险控制方法	实操性强，有作者个人经验总结及分析
	新医改下的医药营销与团队管理 史立臣　著	探讨新医改对医药行业的系列影响和医药团队管理	帮助理清思路，有一个框架
	医药营销与处方药学术推广 马宝琳　著	如何用医学策划把"平民产品"变成"明星产品"	有真货、讲真话的作者，堪称处方药营销的经典！
	医药行业大洗牌与药企创新 林延君　沈　斌　著	一方面，围绕着变革，多角度阐述药企的应对之道；另一方面，紧扣实践，介绍近百家医药企业创新实践案例	医改变革10年，医药企业如何应对大洗牌？重磅出击的药企人必读书
	新医改了，药店就要这样开 尚　锋　著	药店经营、管理、营销全攻略	有很强的实战性和可操作性
	电商来了，实体药店如何突围 尚　锋　著	电商崛起，药店该如何突围？本书从促销、会员服务、专业性、客单价等多重角度给出了指导方向	实战攻略，拿来就能用
	OTC医药代表药店销售36计 鄢圣安　著	以《三十六计》为线，写OTC医药代表向药店销售的一些技巧与策略	案例丰富，生动真实，实操性强
	OTC医药代表药店开发与维护 鄢圣安　著	要做到一名专业的医药代表，需要做什么、准备什么、知识储备、操作技巧等	医药代表药店拜访的指导手册，手把手教你快速上手
	引爆药店成交率1：店员导购实战 范月明　著	一本书解决药店导购所有难题	情景化、真实化、实战化
	引爆药店成交率2：经营落地实战 范月明　著	最接地气的经营方法全指导	揭示了药店经营的几类关键问题
	引爆药店成交率：专业化销售解决方案 范月明　著	药品搭配分析与关联销售	为药店人专业化助力
	处方药合规推广实战宝典 赵佳震　著	推广体系搭建、推广人员岗位工作内容、推广服务外包商管理等六个方面	解决"医药代表转型"和"推广服务外包商管理"的困惑
	医药代理商实操全指导：新环境　新战法 戴文杰　著	结合医药市场政策环境解读新环境下医药招商的战法，着重分析药品产业链的盈利机会	医药销售业务人员的必备读物
	攻略基层诊所：医药营销这样做 张江民　著	对基层诊所的开发、维护和动销，拿来就用的方式方法	实战是本书的主旨，只要用心去看，就能在基层诊所市场中运用
	互联网医药的未来 动脉网　编著	介绍了互联网医药发展的现状与趋势	帮助创业者和投资人看清未来，把握当下
	处方药零售这样做 田　军　著	阐述了处方药零售的重要性，以及做处方药零售市场的具体措施和方法	系统性了解和掌握处方药零售方法
建材家居	**成为最赚钱的家具建材经销商** 李治江　著	从销售模式、产品、门店等老板们最关注和最需要的方面解决问题、提供方法	只要你是建材、家具、家居用品的经销商老板，这就是一本必读的书
	定制家居黄金十年 韩　锋　翁长华　著	梳理了定制家居的商业模式和发展情况	帮助定制家居看清方向，把握当下
	家具建材促销与引流 薛　亮　李永峰　著	十大促销模式的详细方法和工具	让你天天签大单

续表

建材家居	**家具行业操盘手** 王献永　著	家具行业问题的终结者	解决了干家具还有没有前途？为什么同城多店的家具经销商很难做大做强等问题
	建材家居营销：除了促销还能做什么 孙嘉晖　著	一线老手的深度思考，告诉你在建材家居营销模式基本停滞的今天，除了促销，营销还能怎么做	给你的想法一场革命
	建材家居营销实务 程绍珊　杨鸿贵　主编	价值营销运用到建材家居，每一步都让客户增值	有自己的系统、实战
	家居建材门店6力爆破 贾同领　著	合盘道出一线品牌销量秘籍	6力招招见血，既有招数，又有策略
	建材家居门店销量提升 贾同领　著	店面选址、广告投放、推广助销、空间布局、生动展示、店面运营等	门店销量提升是一个系统工程，非常系统、实战
	10步成为最棒的建材家居门店店长 徐伟泽　著	实际方法易学易用，让员工能够迅速成长，成为独当一面的好店长	只要坚持这样干，一定能成为好店长
	手把手帮建材家居导购业绩倍增：成为顶尖的门店店员 熊亚柱　著	生动的表现形式，让普通人也能成为优秀的导购员，让门店业绩长红	读着有趣，用着简单，一本在手、业绩无忧
	建材家居经销商实战42章经 王庆云　著	告诉经销商：老板怎么当、团队怎么带、生意怎么做	忠言逆耳，看着不舒服就对了，实战总结，用一招半式就值了
工业品	**销售是门专业活：B2B、工业品** 陆和平　著	销售流程就应该跟着客户的采购流程和关注点的变化向前推进，将一个完整的销售过程分成十个阶段，提供具体方法	销售不是请客吃饭拉关系，是个专业的活计！方法在手，走遍天下不愁
	解决方案营销实战案例 刘祖轲　著	用10个真案例讲明白什么是工业品的解决方案式营销，实战、实用	有干货、真正操作过的才能写得出来
	变局下的工业品企业7大机遇 叶敦明　著	产业链条的整合机会、盈利模式的复制机会、营销红利的机会、工业服务商转型机会……	工业品企业还可以这样做，思维大突破
	工业品市场部实战全指导 杜　忠　著	工业品市场部经理工作内容全指导	系统、全面、有理论、有方法，帮助工业品市场部经理更快提升专业能力
	工业品营销管理实务 李洪道　著	中国特色工业品营销体系的全面深化、工业品营销管理体系优化升级	工具更实战，案例更鲜活，内容更深化
	工业品企业如何做品牌 张东利　著	为工业品企业提供最全面的品牌建设思路	有策略、有方法、有思路、有工具
	丁兴良讲工业4.0 丁兴良　著	没有枯燥的理论和说教，用朴实直白的语言告诉你工业4.0的全貌	工业4.0是什么？本书告诉你答案
	资深大客户经理：策略准，执行狠 叶敦明　著	从业务开发、发起攻势、关系培育、职业成长四个方面，详述了大客户营销的精髓	满满的全是干货
	两化融合管理系统贯标流程与方法 戴　勇　张华杰　张百荣　编著	全面梳理贯标流程和方法	帮助企业成功贯标
	一切为了订单：订单驱动下的工业品营销实战 唐道明　著	其实，所有的企业都在围绕着两个字在开展全部的经营和管理工作，那就是"订单"	开发订单、满足订单、扩大订单。本书全是实操方法，字字珠玑、句句干货，教你获得营销的胜利
金融	**交易心理分析** (美)马克·道格拉斯　著 刘真如　译	作者一语道破赢家的思考方式，并提供了具体的训练方法	不愧是投资心理的第一书，绝对经典
	精品银行管理之道 崔海鹏　何　屹　主编	中小银行转型的实战经验总结	中小银行的教材很多，实战类的书很少，可以看看

续表

金融	**支付战争** Eric M. Jackson　著 徐　彬　王　晓　译	PayPal 创业期营销官，亲身讲述 PayPal 从诞生到壮大到成功出售的整个历史	激烈、有趣的内幕商战故事！了解美国支付市场的风云巨变
	中外并购名著专业阅读指南 叶兴平　等著	在 5000 多本并购类图书中精选的 200 著作，在阅读的基础上写的读书评价	精挑细选 200 本并一一评介，省去读者挑选的烦恼，快捷、高效
	新三板信息披露全流程：操作与工具 和珩科技　著	详细拆解董秘日常工作过程中所需的信息披露流程	董秘案头必备用书
	成功并购 300 本：一本书搞定并购难题 浩德军师并购联盟　著	从财务，税务，法律等角度详细解答疑问	能解决 80% 的并购问题
	互联网时代的银行转型 韩友诚　著	以大量案例形式为读者全面展示和分析了银行的互联网金融转型应对之道	结合本土银行转型发展案例的书籍
房地产	**产业园区/产业地产规划、招商、运营实战** 阎立忠　著	目前中国第一本系统解读产业园区和产业地产建设运营的实战宝典	从认知、策划、招商到运营全面了解地产策划
	人文商业地产策划 戴欣明　著	城市与商业地产战略定位的关键是不可复制性，要发现独一无二的"味道"	突破千城一面的策划困局
	中国城市群房地产投资策略 吕俊博　著	全方位、多角度分析城市群房地产现状是趋势	让亿元资产投资更理性、更安全
	电影院的下一个黄金十年：开发·差异化·案例 李保煜　著	对目前电影院市场存大的问题及如何解决进行了探讨与解读	多角度了解电影院运营方式及代表性案例
能源	**全能型班组：城市能源互联网与电力班组升级** 国网天津市电力公司　编著	借鉴国内外优秀企业的转型升级思路，通过对于新型班组组织模式和运行机制的大胆设想，力图构建充分适应内外环境变化的全能型班组	看看庞大的国企在新环境下是如何顺应时代的
	国网天津电力全能型班组建设实务 国网天津市电力公司　编著	本书聚焦于天津电力公司在探索全能型班组转型升级时的优秀实践	电力行业的班组实践，具体、可操作性强

经营类：企业如何赚钱，如何抓机会，如何突破，如何"开源"

	书名．作者	内容/特色	读者价值
抓方向	**让经营回归简单．升级版** 宋新宇　著	化繁为简抓住经营本质：战略、客户、产品、员工、成长	经典，做企业就这几个关键点！
	混沌与秩序Ⅰ：变革时代企业领先之道 **混沌与秩序Ⅱ：变革时代管理新思维** 彭剑锋　尚艳玲　主编	汇集华夏基石专家团队 10 年来研究成果，集中选择了其中的精华文章编纂成册	作者都是既有深厚理论积淀又有实践经验的重磅专家，为中国企业和企业家的未来提出了高屋建瓴的观点
	活系统：跟任正非学当老板 孙行健　尹　贤　著	以任正非的独到视角，教企业老板如何经营公司	看透公司经营本质，激活企业活力
	重构：快消品企业重生之道 杨永华　著	从 7 个角度，帮助企业实现系统性的改造	提供转型思想与方法，值得参考
	公司由小到大要过哪些坎 卢　强　著	老板手里的一张"企业成长路线图"	现在我在哪儿，未来还要走哪些路，都清楚了
	企业二次创业成功路线图 夏惊鸣　著	企业曾经抓住机会成功了，但下一步该怎么办？	企业怎样获得第二次成功，心里有个大框架了
	老板经理人双赢之道 陈　明　著	经理人怎养选平台、怎么开局，老板怎样选/育/用/留	老板生闷气，经理人牢骚大，这次知道该怎么办了

续表

抓方向	**简单思考:AMT 咨询创始人自述** 孔祥云　著	著名咨询公司(AMT)的 CEO 创业历程中点点滴滴的经验与思考	每一位咨询人,每一位创业者和管理经营者,都值得一读
	企业文化的逻辑 王祥伍　黄健江　著	为什么企业绩效如此不同,解开绩效背后的文化密码	少有的深刻,有品质,读起来很流畅
	使命驱动企业成长 高可为　著	钱能让一个人今天努力,使命能让一群人长期努力	对于想做事业的人,‘使命’是绕不过去的
思维突破	**盈利原本就这么简单** 高可为　著	从财务的角度揭示企业盈利的秘密	多方面解读商业模式与盈利的关系,通俗易懂,受益匪浅
	经营:打造你的盈利系统 高可为　著	从盈利角度梳理了系统化的经营方式	让企业掌舵者把控经营全局
	创模式:23 个行业创新案例 段传敏　著	23 位行业精英的创新对话	创业者、转型者的实战参考
	企业良性成长:用顶层设计突破瓶颈 刘建兆　著	全方位介绍企业顶层设计的方法和思路	帮助企业用顶层设计突破成长瓶颈
	移动互联新玩法:未来商业的格局和趋势 史贤龙　著	传统商业、电商、移动互联,三个世界并存,这种新格局的玩法一定要懂	看清热点的本质,把握行业先机,一本书搞定移动互联网
	画出公司的互联网进化路线图:用互联网思维重塑产品、客户和价值 李　蓓　著	18 个问题帮助企业一步步梳理出互联网转型思路	思路清晰、案例丰富,非常有启发性
	重生战略:移动互联网和大数据时代的转型法则 沈　拓　著	在移动互联网和大数据时代,传统企业转型如同生命体打算与再造,称之为“重生战略”	帮助企业认清移动互联网环境下的变化和应对之道
	创造增量市场:传统企业互联网转型之道 刘红明　著	传统企业需要用互联网思维去创造增量,而不是用电子商务去转移传统业务的存量	教你怎么在“互联网+”的海洋中创造实实在在的增量
	7 个转变,让公司 3 年胜出 李　蓓　著	消费者主权时代,企业该怎么办	这就是互联网思维,老板有能这样想,肯定倒不了
	跳出同质思维,从跟随到领先 郭　剑　著	66 个精彩案例剖析,帮助老板突破行业长期思维惯性	做企业竟然有这么多玩法,开眼界
	互联网+“变”与“不变”:本土管理实践与创新论坛集萃·2016 本土管理实践与创新论坛　著	加速本土管理思想的孕育诞生,促进本土管理创新成果更好地服务企业、贡献社会	各个作者本年度最新思想,帮助读者拓宽眼界、突破思维
	消费升级:实践　研究(文集) 本土管理实践与创新论坛　著	38 位管理专家及 7 位学者的精华思想,从经营、管理、行业及思想研究四个方面阐述中国企业在消费升级下的实践与研究	思想启发,行业借鉴
财务	**写给企业家的公司与家庭财务规划——从创业成功到富足退休** 周荣辉　著	本书以企业的发展周期为主线,写各阶段企业与企业主家庭的财务规划	为读者处理人生各阶段企业与家庭的财务问题提供建议及方法,让家庭成员真正享受财富带来的益处
	互联网时代的成本观 程　翔　著	本书结合互联网时代提出了成本的多维观,揭示了多维组合成本的互联网精神和大数据特征,论述了其产生背景、实现思路和应用价值	在传统成本观下为盈利的业务,在新环境下也许就成为亏损业务。帮助管理者从新的角度来看待成本,进一步做好精益管理

续表

财务	财报背后的投资机会 蒋　豹　著	以具体的公司案例分析，教你迅速看出财务报表与企业经营的关系、所反映的企业经营现状，从而找到投资机会	前四大会计所员工为读者解密财报，发现投资机会
管理类：效率如何提升，如何实现经营目标，如何“节流”			
书名．作者		内容/特色	读者价值
通用管理	让管理回归简单·升级版 宋新宇　著	从目标、组织、决策、授权、人才和老板自己层面教你怎样做管理	帮助管理抓住管理的要害，让管理变得简单
	让经营回归简单·升级版 宋新宇　著	从战略、客户、产品、员工、成长、经营者自身等七个方面，归纳总结出简单有效的经营法则	总结出的真正优秀企业的成功之道：简单
	让用人回归简单 宋新宇　著	从用人的原则、用人的难题与误区、用人的方法和用人者的修炼四大方面，总结出适合中小企业做好人才管理工作的法则	帮助管理者抓住用人的要害，让用人变得简单
	历史深处的管理智慧1：组织建设与用人之道 刘文瑞　著	对历史之典故、政事、人事、政制进行管理解析，鉴照企业人才的选用育留	推动理论与实践的对接，实现理性与情感的渗透，用中国话语说明管理智慧
	历史深处的管理智慧2：战略决策与经营运作 刘文瑞　著	对历史之典故、政事、人事、政制进行管理解析，鉴照企业战略设计与经营实践	推动理论与实践的对接，实现理性与情感的渗透，用中国话语说明管理智慧
	历史深处的管理智慧3：领导修炼与文化素养 刘文瑞　著	对历史之典故、政事、人事、政制进行管理解析，鉴照企业领导职业能力提升与文化修养	推动理论与实践的对接，实现理性与情感的渗透，用中国话语说明管理智慧
	管理的尺度 刘文瑞　著	对管理中的种种普遍性问题进行了批评	提高把握管理尺度的能力
	管理学在中国 刘文瑞　著	系统性介绍了管理学在中国的发展和演变	了解管理学在中国的发展脉络，更清晰理解管理学的本质
	看电影，懂管理 刘文瑞　著	16部经典电影，带你感悟管理智慧	能够帮助读者放松身心，驰骋想象，在不知不觉中增长智慧
	管理：以规则驾驭人性 王春强　著	详细解读企业规则的制定方法	从人与人博弈角度提升管理的有效性
	打造集成供应链：走出挂一漏十的改善困境 王春强　著	详解集成供应链全过程	帮助企业优化供应链管理
	用好骨干员工：关键人才培养与激励 王　敏　著	系统化分享关键人才打造与激励方法	企业能实在用人的最大化价值
	改变世界的管理学大师1：管理学的前世今生 刘文瑞　编著	介绍了古典管理学时期的大师事迹和思想	深入了解管理大师们的思想和智慧
	成为企业欢迎的咨询师 张国祥　著	从调研到落地，手把手教你咨询流程	不走弯路，方便直接的学到老咨询师的套路
	员工心理学超级漫画版 邢　雷　著	以漫画的形式深度剖析员工心理	帮助管理者更了解员工，从而更轻松地管理员工
	老板有想法，高层有干法：企业中的将帅之道 王清华　著	深入剖析老板与高管的异同	各司其职，各行其是，相辅相成
	分股合心：股权激励这样做 段磊　周剑　著	通过丰富的案例，详细介绍了股权激励的知识和实行方法	内容丰富全面、易读易懂，了解股权激励，有这一本就够了
	边干边学做老板 黄中强　著	创业20多年的老板，有经验、能写、又愿意分享，这样的书很少	处处共鸣，帮助中小企业老板少走弯路

续表

通用管理	**成为敏感而体贴的公司** 王　涛　著	本书为作者对企业的观察和冥想的随笔记录。从生活中的一个现象入手,进而探索现象背后的本质	从全新角度认识公司
	中国企业的觉醒:正直　善良　成长 王　涛　著	围绕着企业人如何发生转化展开,对中国人、中国文化及由此导致的企业现状的观察和思考	企业除了要利润,还需要道德
	有意识的思考:轻松化解问题的7个思考习惯 王　涛　著	本书是对思想、思考过程、思考方式进行的细致观察	养成好的思考习惯,更深刻地看问题
	中国式阿米巴落地实践之从交付到交易 胡八一　著	本书主要讲述阿米巴经营会计,"从交付到交易",这是成功实施了阿米巴的标志	阿米巴经营会计的工作是有逻辑关联的,一本书就能搞定
	中国式阿米巴落地实践之激活组织 胡八一　著	重点讲解如何科学划分阿米巴单元,阐述划分的实操要领、思路、方法、技术与工具	最大限度减少"推行风险"和"摸索成本",利于公司成功搭建适合自身的个性化阿米巴经营体系
	中国式阿米巴落地实践之持续盈利 胡八一　著	把企业做成平台,企业才能做大(格局);把平台做成阿米巴,企业才能做强(专业);把阿米巴做成合伙制,企业才能做久(机制)	中国式阿米巴落地实践三部曲的最后一部,告诉你企业如何做大做强做久
	集团化企业阿米巴实战案例 初勇钢　著	一家集团化企业阿米巴实施案例	指导集团化企业系统实施阿米巴
	阿米巴经营的中国模式 李志华　著	让员工从"要我干"到"我要干",价值量化出来	阿米巴在企业如何落地,明白思路了
	欧博心法:好管理靠修行 曾　伟　著	用佛家的智慧,深刻剖析管理问题,见解独到	如果真的有'中国式管理',曾老师是其中标志性人物
	领导这样点燃你的下属 孟广桥　著	领导者如何才能让员工积极主动地工作?如何让你的员工和下属保持工作的热情,自动自发?看了这本书就知道	只要你希望手下的"兵将"永远充满工作的斗志,这本书将使你获益良多
流程管理	**1. 用流程解放管理者** **2. 用流程解放管理者2** 张国祥　著	中小企业阅读的流程管理、企业规范化的书	通俗易懂,理论和实践的结合恰到好处
	跟我们学建流程体系 陈立云　著	畅销书《跟我们学做流程管理》系列,更实操,更细致,更深入	更多地分享实践,分享感悟,从实践总结出来的方法论
	人人都要懂流程 金国华　余雅丽　著	当前各企业流程管理方面最为典型的痛点现象及问题案例	通俗易懂,适合企业全员阅读
质量管理	**IATF16949质量管理体系详解与案例文件汇编:TS16949转版IATF16949:2016** 谭洪华　著	针对IATF的新标准做了详细的解说,同时指出了一些推行中容易犯的错误,提供了大量的表单、案例	案例、表单丰富,拿来就用
	五大质量工具详解及运用案例:APQP/FMEA/PPAP/MSA/SPC 谭洪华　著	对制造业必备的五大质量工具中每个文件的制作要求、注意事项、制作流程、成功案例等进行了解读	通俗易懂、简便易行,能真正实现学以致用
	ISO9001:2015新版质量管理体系详解与案例文件汇编 谭洪华　著	紧密围绕2015年新版质量管理体系文件逐条详细解读,并提供可以直接套用的案例工具,易学易上手	企业质量管理认证、内审必备
	ISO14001:2015新版环境管理体系详解与案例文件汇编 谭洪华　著	紧密围绕2015年新版环境管理体系文件逐条详细解读,并提供可以直接套用的案例工具,易学易上手	企业环境管理认证、内审必备

续表

质量管理	**ISO9001:2015 完整文件汇编:制造业** 贺红喜　著	按照ISO9001标准并超出标准的要求,提供了一套完整的制造业的质量管理体系文件	原汁原味完整收入,直接可以拿来就用
	SA8000:2014 社会责任管理体系认证实战 吕　林　著	作者根据自己的操作经验,按认证的流程,以相关案例进行说明SA8000认证体系	简单,实操性强,拿来就能用
	精益质量管理实战工具 贺小林　著	制造类企业日常工作中所需要的精益管理工具的归纳整理,并进行案例操作的细致分析	可以直接参考,实际解决生产中的具体问题
战略落地	**重生——中国企业的战略转型** 施　炜　著	从前瞻和适用的角度,对中国企业战略转型的方向、路径及策略性举措提出了一些概要性的建议和意见	对企业有战略指导意义
	公司大了怎么管:从靠英雄到靠组织 AMT 金国华　著	第一次详尽阐释中国快速成长型企业的特点、问题及解决之道	帮助快速成长型企业领导及管理团队理清思路,突破瓶颈
	低效会议怎么改:每年节省一半会议成本的秘密 AMT 王玉荣　著	教你如何系统规划公司的各级会议,一本工具书	教会你科学管理会议的办法
	年初订计划,年尾有结果:战略落地七步成诗 AMT 郭晓　著	7个步骤教会你怎么让公司制定的战略转变为行动	系统规划,有效指导计划实现
人力资源	**HRBP 是这样炼成的之"菜鸟起飞"** 新　海　著	以小说的形式,具体解析HRBP的职责,应该如何操作,如何为业务服务	实践者的经验分享,内容实务具体,形式有趣
	HRBP 是这样炼成的之中级修炼 新　海　著	本书以案例故事的方式,介绍了HRBP在实际工作中碰到的问题和挑战	书中的HR解决方案讲究因时因地制宜、简单有效的原则,重在启发读者思路,可供各类企业HRBP借鉴
	HRBP 是这样炼成的之高级修炼 新　海　著	以故事的形式,展现了HRBP工作者在职业发展路上的层层深入和递进	为读者提供HRBP在实际工作中遇到种种问题的解决方案
	新任 HR 高管如何从 0 到 1 黄渊明　著	全景式展现新任高管华丽转身全过程	助力新任高管安全着陆
	HR 的劳动法内参 李皓楠　著	100个劳动法案例和分析	轻松掌握劳动法知识,方便运用
	把面试做到极致:首席面试官的人才甄选法 孟广桥　著	作者用自己几十年的人力资源经验总结出的一套实用的确定岗位招聘标准、提升面试官技能素质的简便方法	面试官必备,没有空泛理论,只有巧妙的实操技能
	人力资源体系与 e-HR 信息化建设 刘书生　陈　莹　王美佳　著	将作者经历的人力资源管理变革、人力资源管理信息化咨询项目方法论、工具和成果全面展现给读者,使大家能够将其快速应用到管理实践中	系统性非常强,没有废话,全部是浓缩的干货
	回归本源看绩效 孙　波　著	让绩效回顾"改进工具"的本源,真正为企业所用	确实是来源于实践的思考,有共鸣
	世界 500 强资深培训经理人教你做培训管理 陈　锐　著	从7大角度具体细致地讲解了培训管理的核心内容	专业、实用、接地气

续表

人力资源	**曹子祥教你做激励性薪酬设计** 曹子祥　著	以激励性为指导,系统性地介绍了薪酬体系及关键岗位的薪酬设计模式	深入浅出,一本书学会薪酬设计
	曹子祥教你做绩效管理 曹子祥　著	复杂的理论通俗化,专业的知识简单化,企业绩效管理共性问题的解决方案	轻松掌握绩效管理
	把招聘做到极致 远　鸣　著	作为世界500强高级招聘经理,作者数十年招聘经验的总结分享	带来职场思考境界的提升和具体招聘方法的学习
	人才评价中心．超级漫画版 邢　雷　著	专业的主题,漫画的形式,只此一本	没想到一本专业的书,能写成这效果
	走出薪酬管理误区 全怀周　著	剖析薪酬管理的8大误区,真正发挥好枢纽作用	值得企业深读的实用教案
	集团化人力资源管理实践 李小勇　著	对搭建集团化的企业很有帮助,务实,实用	最大的亮点不是理论,而是结合实际的深入剖析
	我的人力资源咨询笔记 张　伟　著	管理咨询师的视角,思考企业的HR管理	通过咨询师的眼睛对比很多企业,有启发
	本土化人力资源管理8大思维 周　剑　著	成熟HR理论,在本土中小企业实践中的探索和思考	对企业的现实困境有真切体会,有启发
企业文化	**36个拿来就用的企业文化建设工具** 海融心胜　主编	数十个工具,为了方便拿来就用,每一个工具都严格按照工具属性、操作方法、案例解读划分,实用、好用	企业文化工作者的案头必备书,方法都在里面,简单易操作
	企业文化建设超级漫画版 邢　雷　著	以漫画的形式系统教你企业文化建设方法	轻松易懂好操作
	华夏基石方法:企业文化落地本土实践 王祥伍　谭俊峰　著	十年积累、原创方法、一线资料,和盘托出	在文化落地方面真正有洞察,有实操价值的书
	企业文化的逻辑 王祥伍　著	为什么企业之间如此不同,解开绩效背后的文化密码	少有的深刻,有品质,读起来很流畅
	企业文化激活沟通 宋杼宸　安　琪　著	透过新任HR总经理的眼睛,揭示出沟通与企业文化的关系	有实际指导作用的文化落地读本
	在组织中绽放自我:从专业化到职业化 朱仁健　王祥伍　著	个人如何融入组织,组织如何助力个人成长	帮助企业员工快速认同并投入到组织中去,为企业发展贡献力量
	企业文化定位·落地一本通 王明胤　著	把高深枯燥的专业理论创建成一套系统化、实操化、简单化的企业文化缔造方法	对企业文化不了解,不会做?有这一本从概念到实操,就够了
生产管理	**精益思维:中国精益如何落地** 刘承元　著	笔者二十余年企业经营和咨询管理的经验总结	中国企业需要灵活运用精益思维,推动经营要素与管理机制的有机结合,推动企业管理向前发展
	300张现场图看懂精益5S管理 乐　涛　编著	5S现场实操详解	案例图解,易懂易学
	高员工流失率下的精益生产 余伟辉　著	中国的精益生产必须面对和解决高员工流失率问题	确实来源于本土的工厂车间,很务实
	车间人员管理那些事儿 岑立聪　著	车间人员管理中处理各种“疑难杂症”的经验和方法	基层车间管理者最闹心、头疼的事,‘打包’解决

续表

生产管理	1. 欧博心法：好管理靠修行 2. 欧博心法：好工厂这样管 曾 伟 著	他是本土最大的制造业管理咨询机构创始人，他从 400 多个项目、上万家企业实践中锤炼出的欧博心法	中小制造型企业，一定会有很强的共鸣
	欧博工厂案例 1：生产计划管控对话录 欧博工厂案例 2：品质技术改善对话录 欧博工厂案例 3：员工执行力提升对话录 曾 伟 著	最典型的问题、最详尽的解析，工厂管理 9 大问题 27 个经典案例	没想到说得这么细，超出想象，案例很典型，照搬都可以了
	工厂管理实战工具 欧博企管 编著	以传统文化为核心的管理工具	适合中国工厂
	苦中得乐：管理者的第一堂必修课 曾 伟 编著	曾伟与师傅大愿法师的对话，佛学与管理实践的碰撞，管理禅的修行之道	用佛学最高智慧看透管理
	比日本工厂更高效 1：管理提升无极限 刘承元 著	指出制造型企业管理的六大积弊；颠覆流行的错误认知；掌握精益管理的精髓	每一个企业都有自己不同的问题，管理没有一剑封喉的秘笈，要从现场、现物、现实出发
	比日本工厂更高效 2：超强经营力 刘承元 著	企业要获得持续盈利，就要开源和节流，即实现销售最大化，费用最小化	掌握提升工厂效率的全新方法
	比日本工厂更高效 3：精益改善力的成功实践 刘承元 著	工厂全面改善系统有其独特的目的取向特征，着眼于企业经营体质（持续竞争力）的建设与提升	用持续改善力来飞速提升工厂的效率，高效率能够带来意想不到的高效益
	3A 顾问精益实践 1：IE 与效率提升 党新民 苏迎斌 蓝旭日 著	系统的阐述了 IE 技术的来龙去脉以及操作方法	使员工与企业持续获利
	3A 顾问精益实践 2：JIT 与精益改善 肖志军 党新民 著	只在需要的时候，按需要的量，生产所需的产品	提升工厂效率
	化工企业工艺安全管理实操 黄 娜 编著	化工企业工艺安全管理全指导	帮助企业树立安全意识，强化安全管理方法
	手把手教你做专业的生产经理 黄 娜 著	物流、信息流、资金流，让生产经理管理有抓手	从菜鸟到能把控全局
员工素质提升	TTT 培训师精进三部曲（上）：深度改善现场培训效果 廖信琳 著	现场把控不用慌，这里有妙招一用就灵	课程现场无论遇到什么样的情况都能游刃有余
	TTT 培训师精进三部曲（中）：构建最有价值的课程内容 廖信琳 著	这样做课程内容，学员有收获培训师也有收获	优质的课程内容是树立个人品牌的保证
	TTT 培训师精进三部曲（下）：职业功力沉淀与修为提升 廖信琳 著	从内而外提升自己，职业的道路一帆风顺	走上职业 TTT 内训师的康庄大道
	培训师，如何让你的事业长青：自我管理的 10 项法则 廖信琳 著	建立了一套完整的培训师自我管理体系，为培训师的职业成长与发展提供有益的指引	培训师如何在自己的职业道路上越走越高，事业长青，一直有所收获与成长？本书将给你答案
	管理咨询师的第一本书：百万年薪 千万身价 熊亚柱 著	从问题出发，发现问题、分析问题、解决问题，让两眼一抹黑的新人快速成长	管理咨询师初入职场，让这本书开启百万年薪之路

续表

员工素质提升	**手把手教你做专业督导:专卖店、连锁店** 熊亚柱　著	从督导的职能、作用,在工作中需要的专业技能、方法,都提供了详细的解读和训练办法,同时附有大量的表单工具	无论是店铺需要统一培训,还是个人想成为优秀的督导,有这一本就够了
	跟老板"偷师"学创业 吴江萍　余晓雷　著	边学边干,边观察边成长,你也可以当老板	不同于其他类型的创业书,让你在工作中积累创业经验,一举成功
	销售轨迹:一位快消品营销总监的拼搏之路 秦国伟　著	本书讲述了一个普通销售员打拼成为跨国企业营销总监的真实奋斗历程	激励人心,给广大销售员以力量和鼓舞
	在组织中绽放自我:从专业化到职业化 朱仁健　王祥伍　著	个人如何融入组织,组织如何助力个人成长	帮助企业员工快速认同并投入到组织中去,为企业发展贡献力量
	企业员工弟子规:用心做小事,成就大事业 贾同领　著	从传统文化《弟子规》中学习企业中为人处事的办法,从自身做起	点滴小事,修养自身,从自身的改善得到事业的提升
	手把手教你做顶尖企业内训师:TTT 培训师宝典 熊亚柱　著	从课程研发到现场把控、个人提升都有涉及,易读易懂,内容丰富全面	想要做企业内训师的员工有福了,本书教你如何抓住关键,从入门到精通
	28 天速成文案高手 秦　士　安　丽　著	解构优秀品牌和出彩文案背后的逻辑,28 天循序渐进成为文案高手	让优质文案变成"智慧工厂"般的工序管理与稳定出品
	让投诉顾客满意离开:客户投诉应对与管理 孟广桥　著	立足于投诉处理的实践,剖析了不同投诉者投诉的特点和应对措施,并提供各种技巧方法、赢得客户信赖所需培养的品质修炼、处理投诉应掌握的法律法规等工具	是投诉处理人员适应岗位职能需要、提升工作技能的良师益友,是企业变诉为金、培养业务骨干的法宝

营销类:把客户需求融入企业各环节,提供"客户认为"有价值的东西

	书名．作者	内容/特色	读者价值
营销模式	**精品营销战略** 杜建君　著	以精品理念为核心的精益战略和营销策略	用精品思维赢得高端市场
	变局下的营销模式升级 程绍珊　叶　宁　著	客户驱动模式、技术驱动模式、资源驱动模式	很多行业的营销模式被颠覆,调整的思路有了!
	动销操盘:节奏掌控与社群时代新战法 朱志明　著	在社群时代把握好产品生产销售的节奏,解析动销的症结,寻找动销的规律与方法	都是易读易懂的干货!对动销方法的全面解析和操盘
	弱势品牌如何做营销 李政权　著	中小企业虽有品牌但没名气,营销照样能做的有声有色	没有丰富的实操经验,写不出这么具体、详实的案例和步骤,很有启发
	老板如何管营销 史贤龙　著	高段位营销 16 招,好学好用	老板能看,营销人也能看
	洞察人性的营销战术:沈坤教你 28 式 沈　坤　著	28 个匪夷所思的营销怪招令人拍案叫绝,涉及商业竞争的方方面面,大部分战术可以直接应用到企业营销中	各种谋略得益于作者的横向思维方式,将其操作过的案例结合其中,提供的战术对读者有参考价值
	动销:产品是如何畅销起来的 吴江萍　余晓雷　著	真真切切告诉你,产品究竟怎么才能卖出去	击中痛点,提供方法,你值得拥有
	1000 铁杆女粉丝 张兵武　著	连接是女性与生俱来的特质。能善用连接的营销人员,就像拿到打开女性荷包的钥匙	重新认识女性的传播力量
	360°谈营销:一位营销咨询师 20 年实战洞察 王清华　古怀亮　著	各个角度,全方位,多视点剥营销	思路单一,此书帮你破

续表

营销模式	营销按钮:扣动一触即发的力量 老　苗　著	提供各种奇形怪状的营销武器	一定会带给你不一样的思维震撼
	孙子兵法营销战 刘文新　著	逐句解读孙子兵法,以及在营销方面的感悟	帮助营销人用智慧打营销仗
销售	资深大客户经理:策略准,执行狠 叶敦明　著	从业务开发、发起攻势、关系培育、职业成长四个方面,详述了大客户营销的精髓	满满的全是干货
	大客户销售这样说这样做 陆和平　著	大客户销售十大模块 68 个典型销售场景应对策略和话术,直接拿来就用	从"为什么要这么干"到"干什么、怎么干"
	成为资深的销售经理:B2B、工业品 陆和平　著	围绕"销售管理的六个关键控制点"一一展开,提供销售管理的专业、高效方法	方法和技术接地气,拿来就用,从销售员成长为经理不再犯难
	销售是门专业活:B2B、工业品 陆和平　著	销售流程就应该跟着客户的采购流程和关注点的变化向前推进,将一个完整的销售过程分成十个阶段,提供具体方法	销售不是请客吃饭拉关系,是个专业的活计!方法在手,走遍天下不愁
	向高层销售:与决策者有效打交道 贺兵一　著	一套完整有效的销售策略	有工具,有方法,有案例,通俗易懂
	学话术　卖产品 张小虎　著	分析常见的顾客异议,将优秀的话术模块化	让普通导购员也能成为销售精英
组织和团队	升级你的营销组织 程绍珊　吴越舟　著	用"有机性"的营销组织替代"营销能人",营销团队变成"铁营盘"	营销队伍最难管,程老师不愧是营销第 1 操盘手,步骤方法都很成熟
	用数字解放营销人 黄润霖　著	通过量化帮助营销人员提高工作效率	作者很用心,很好的常备工具书
	成为优秀的快消品区域经理(升级版) 伯建新　著	用"怎么办"分析区域经理的工作关键点,增加 30% 全新内容,更贴近环境变化	可以作为区域经理的"速成催化器"
	成为资深的销售经理:B2B、工业品 陆和平　著	围绕"销售管理的六个关键控制点"一一展开,提供销售管理的专业、高效方法	方法和技术接地气,拿来就用,从销售员成长为经理不再犯难
	一位销售经理的工作心得 蒋　军　著	一线营销管理人员想提升业绩却无从下手时,可以看看这本书	一线的真实感悟
	快消品营销:一位销售经理的工作心得 2 蒋　军　著	快消品、食品饮料营销的经验之谈,重点突出	来源于实战的精华总结
	销售轨迹:一位快消品营销总监的拼搏之路 秦国伟　著	本书讲述了一个普通销售员打拼成为跨国企业营销总监的真实奋斗历程	激励人心,给广大销售员以力量和鼓舞
	用营销计划锁定胜局:用数字解放营销人 2 黄润霖　著	全方位教你怎么做好营销计划,好学好用真简单	照搬套用就行,做营销计划再也不头痛
	快消品营销人的第一本书:从入门到精通 刘　雷　伯建新　著	快消行业必读书,从入门到专业	深入细致,易学易懂
产品	产品开发管理方法·流程·工具:从作坊式到规范化 任彭枞　著	产品研发管理体系全指导	既有工具,又能开拓思路
	新产品开发管理,就用 IPD(升级版) 郭富才　著	10 年 IPD 研发管理咨询总结,国内首部 IPD 专业著作	一本书掌握 IPD 管理精髓

续表

产品	**这样打造大单品:案例 策略 方法** 迪智成咨询团队 著	囊括十三个不同行业、企业的实际案例,从不同角度详细剖析、总结了这些品牌厂家打造大单品的成功经验或者失败教训	厘清大单品打造的策划与路径,得出持续经营的思路与方法
	研发体系改进之道 靖 爽 陈年根 马鸣明 著	提出一套系统性的方法与工具	指引企业少走弯路,提高成功率
	资深项目经理这样做新产品开发管理 秦海林 著	以 IPD 为思想,系统讲解新产品开管理的细节	提供管理思路和实用工具
	产品炼金术Ⅰ:如何打造畅销产品 史贤龙 著	满足不同阶段、不同体量、不同行业企业对产品的完整需求	必须具备的思维和方法,避免在产品问题上走弯路
	产品炼金术Ⅱ:如何用产品驱动企业成长 史贤龙 著	做好产品、关注产品的品质,就是企业成功的第一步	必须具备的思维和方法,避免在产品问题上走弯路
品牌	**中小企业如何建品牌** 梁小平 著	中小企业建品牌的入门读本,通俗、易懂	对建品牌有了一个整体框架
	采纳方法:破解本土营销 8 大难题 朱玉童 编著	全面、系统、案例丰富、图文并茂	希望在品牌营销方面有所突破的人,应该看看
	中国品牌营销十三战法 朱玉童 编著	采纳 20 年来的品牌策划方法,同时配有大量的案例	众包方式写作,丰富案例给人启发,极具价值
	今后这样做品牌:移动互联时代的品牌营销策略 蒋 军 著	与移动互联紧密结合,告诉你老方法还能不能用,新方法怎么用	今后这样做品牌就对了
	中小企业如何打造区域强势品牌 吴 之 著	帮助区域的中小企业打造自身品牌,如何在强壮自身的基础上往外拓展	梳理误区,系统思考品牌问题,切实符合中小区域品牌的自身特点进行阐述
渠道通路	**深度分销:掌控渠道价值链** 施 炜 著	制造商通过掌控渠道价值链,将管理触角延伸至零售层面及顾客现场,对市场根部精耕细作,从而挖掘需求,构筑区域市场尤其是三四级市场的竞争壁垒	深度分销是中国企业对世界营销的独特贡献。实践证明,互联网时代深度分销仍有生命力
	快消品营销与渠道管理 谭长春 著	将快消品标杆企业渠道管理的经验和方法分享出来	可口可乐、华润的一些具体的渠道管理经验,实战
	传统行业如何用网络拿订单 张 进 著	给老板看的第一本网络营销书	适合不懂网络技术的经营决策者看
	采纳方法:化解渠道冲突 朱玉童 编著	系统剖析渠道冲突,21 个渠道冲突案例、情景式讲解,37 篇讲义	系统、全面
	学话术 卖产品 张小虎 著	分析常见的顾客异议,将优秀的话术模块化	让普通导购员也能成为销售精英
	向高层销售:与决策者有效打交道 贺兵一 著	一套完整有效的销售策略	有工具,有方法,有案例,通俗易懂
	通路精耕操作全解:快消品 20 年实战精华 周 俊 陈小龙 著	通路精耕的详细全解,每一步的具体操作方法和表单全部无保留提供	康师傅二十年的经验和精华,实践证明的最有效方法,教你如何主宰通路

管理者读的文史哲·生活

书名.作者		内容/特色	读者价值
思想·文化	**德鲁克管理思想解读** 罗 珉 著	用独特视角和研究方法,对德鲁克的管理理论进行了深度解读与剖析	不仅是摘引和粗浅分析,还是作者多年深入研究的成果,非常可贵
	德鲁克与他的论敌们:马斯洛、戴明、彼得斯 罗 珉 著	几位大师之间的论战和思想碰撞令人受益匪浅	对大师们的观点和著作进行了大量的理论加工,去伪存真、去粗存精,同时有自己独特的体系深度

续表

思想·文化	**德鲁克管理学** 张远凤　著	本书以德鲁克管理思想的发展为线索，从一个侧面展示了20世纪管理学的发展历程	通俗易懂，脉络清晰
	王阳明“万物一体”论：从“身－体”的立场看（修订版） 陈立胜　著	以身体哲学分析王阳明思想中的“仁”与“乐”	进一步了解传统文化，了解王阳明的思想
	自我与世界：以问题为中心的现象学运动研究 陈立胜　著	以问题为中心，对现象学运动中的“意向性”“自我”“他人”“身体”及“世界”各核心议题之思想史背景与内在发展理路进行深入细致的分析	深入了解现象学中的几个主要问题
	作为身体哲学的中国古代哲学 张再林　著	上篇为中国古代身体哲学理论体系奠基性部分，下篇对由“上篇”所开出的中国身体哲学理论体系的进一步的阐发和拓展	了解什么是真正原生态意义上的中国哲学，把中国传统哲学与西方传统哲学加以严格区别
	中西哲学的歧异与会通 张再林　著	本书以一种现代解释学的方法，对中国传统哲学内在本质尝试一种全新的和全方位的解读	发掘出掩埋在古老传统形式下的现代特质和活的生命，在此基础上揭示中西哲学“你中有我，我中有你”之旨
	治论：中国古代管理思想 张再林　著	本书主要从儒、法墨三家阐述中国古代管理思想	看人本主义的管理理论如何不留斧痕地克服似乎无法调解的存在于人类社会行为与社会组织中的种种两难和对立
	车过麻城　再晤李贽 张再林　著	系统全面而又简明扼要地展示了李贽独到的学术眼力和超拔的理论建树	帮助读者重新认识李贽的思想
	中国古代政治制度（修订版）上：皇帝制度与中央政府 刘文瑞　著	全面论证了古代皇帝制度的形成和演变的历程	有助于读者从政治制度角度了解中国国情的历史渊源
	中国古代政治制度（修订版）下：地方体制与官僚制度 刘文瑞　著	全面论证了古代地方政府的发展演变过程	有助于读者从政治制度角度了解中国国情的历史渊源
	中国思想文化十八讲（修订版） 张茂泽　著	中国古代的宗教思想文化，如对祖先崇拜、儒家天命观、中国古代关于“神”的讨论等	宗教文化和人生信仰或信念紧密相联，在文化转型时期学习和研究中国宗教文化就有特别的现实意义
	史幼波《大学》讲记 史幼波　著	用儒释道的观点阐释大学的深刻思想	一本书读懂传统文化经典
	史幼波《周子通书》《太极图说》讲记 史幼波　著	把形而上的宇宙、天地，与形而下的社会、人生、经济、文化等融合在一起	将儒家的一整套学修系统融合起来
	史幼波《中庸》讲记（上下册） 史幼波　著	全面、深入浅出地揭示儒家中庸文化的真谛	儒释道三家思想融会贯通
	梁涛讲《孟子》之万章篇 梁　涛　著	《万章》主要记录孟子与万章的对话，涉及孝道、亲情、友情、出仕为官等	作者的解读能帮助读者更好地理解孟子及儒学
	两晋南北朝十二讲（修订版） 李文才　著	作为一本普及性读物，作者尊重史实，运用“历史心理学”的叙事方法，分12个专题对两晋南北朝的历史进行阐述	让读者轻松了解两晋南北朝的历史
	每个中国人身上的春秋基因 史贤龙　著	春秋368年（公元前770－公元前403年），每一个中国人都可以在这段时期的历史中找到自己的祖先，看到真实发生的事件，同时也看到自己	长情商、识人心
	与《老子》一起思考：德篇 **与《老子》一起思考：道篇** 史贤龙　著	打通文史，回归哲慧，纵贯古今，放眼中外，妙语迭出，在当今的老子读本中别具一格	深读有深读的回味，浅尝有浅尝的机敏，可给读者不同的启发

续表

思想·文化	**说服天下:《鬼谷子》的中国沟通术** 翟玉忠　著	由内圣而外王,从心力的培育到具体的说服理论,再到生动的说服案例	从商业到军事再到日常生活,沟通说服已经变得越来越重要
	读《管子》,知天下财富:轻重术与中国古典经济思想 翟玉忠　著	中国农业社会规模庞大的市场产生了复杂发展的经济理论——以《管子》轻重十六篇为核心的轻重术	本书分为道、术两大部分,有思想、有谋略,相信你会从中有所收获
	中国商道:从古典商书说开去 翟玉忠　著	对中国先秦和明清两个商品经济大发展时期商业典籍的第一次系统整理和诠释	中华商道一脉相承,造就了无数商业奇迹,成就了无数商业巨子。今人读之,必能获益
	跟陈忠建学写名家书法Ⅰ **跟陈忠建学写名家书法Ⅱ** 陈忠建　著	中国台湾著名书法教育家,用视频手把手教你摹写历代名家笔触	用拟古千字文的形式,学习名家的技巧
	像美国人一样讲话:教你记住800句最地道的美语 马方旭　著	本书基本囊括了在美国最常用最地道的800习惯用语表达,包含中英双语翻译,以及清晰明了的注解帮助增强记忆,加入视频等流行的记忆方法	易读易懂,趣味十足
	别让你的执着毁了孩子 廖信琳　著	让职场人在家庭教育中不再焦虑,重塑亲子互动模式	只要放下你的执拗,孩子可以更优秀
	非暴力抵抗的诞生 甘　地　著	甘地在南非的自传,介绍了非暴力抵抗诞生的历史	深入了解甘地及其伟大思想
	中东历史与现状二十讲 黄民兴　著	介绍了中东历史和现状的20个重要问题	为研究和教学人员提供指导和依据
	郑子太极拳理拳法 杨竣雄　著	走进郑子太极拳完整训练体系的大门,随着书中另一主角——师父的课程安排与每日功课的练习	当您学完这套书后,在掌握拳架的同时具备诸多正确的太极理念与系统知识
	内功太极拳训练教程 王铁仁　编著	杨式(内功)太极拳(俗称老六路)的详细介绍及具体修炼方法,身心的一次升华	书中含有大量图解并有相关视频供读者同步学习
	中医治心脏病 马宝琳　著	引用众多真实案例,客观真实地讲述了中西医对于心脏病的认识及治疗方法	看完这本书,能为您节约10万元医药费